최소의 재료 최고의 맛!

초판 1쇄 인쇄 | 2013년 9월 16일 **초판 1쇄 발행** | 2013년 9월 25일

레시피 | 강지수 **사진** | 김영기
펴낸이 | 변태식 **펴낸곳** | (주)부즈펌
편집책임 | 엄한나 **편집** | 김현진 **디자인책임 · 일러스트** | 박가영
마케팅책임 | 박승열 **마케팅** | 박병오 **재무** | 황윤정
제작 | (주)지에스테크 **종이** | 성진페이퍼
주소 | 서울시 강남구 역삼동 684-23 부즈빌딩 3층
전화 | 02-564-6006 **팩스** | 02-564-8626
이메일 | editor@voozfirm.com **홈페이지** | www.voozfirm.com
출판등록 | 2005년 12월 8일 제 16-3790호

ISBN 978-89-94545-70-7 (13590)

*파본은 구입하신 시점에서 교환하여 드립니다.
*이 책은 저작권법에 의해 보호를 받는 저작물이므로 무단 전재와 복제를 금합니다.

서너 가지 재료만으로 최고의 맛을 내는 요리비결

최소의 재료
최고의 맛!

레시피 강지수 : 사진 김영기

최소의 재료·최고의 맛
작가의 말

유명 쉐프의 시크릿 레시피나 값비싼 식재료가 없어도 우리는 충분히 맛있고 따뜻한 음식을 만들 수 있어요. 칼질이 조금 서툴러도 사랑하는 사람들을 위해서, 또 소중한 자신을 위해서 시간을 들여 재료를 준비하고 썰고 볶고 끓이고 굽고 튀기는 과정을 통해 위로 받고 행복해지는 경험을 할 수 있습니다. 음식의 또 다른 가치를 찾아내는 기쁨을 만끽하는 여러분의 순간에 저의 레시피가 함께 할 수 있기를 바라는 마음으로 이 책을 만들었어요.

요즘은 하루 두 끼 이상을 밖에서 해결하는 사람들이 많잖아요. 하루에 한 끼 혹은 주말에 한두 끼 집에서 먹는 집밥만큼은 화학 조미료 없이 재료가 내주는 건강한 맛을 느껴보세요. 처음에는 맛이 밋밋하다 하실 수 있지만, 몇 번 드시다 보면 그동안 얼마나 화학 조미료 맛에 길들여져 있었는지 아시게 될 거예요.

이 책에 소개된 메뉴는 우리 <u>한국인들의 밥상에 가장 자주 오르는 기본적인 요리</u>입니다. 요리를 해보신 분들은 아마 아실 거예요. 아무리 기본적인 반찬일지라도 재료를 구입하고 손질하는 것이 간단치 않다는 것을요. 때로는 음식을 만드는 데 필요한 수많은 재료들의 목록에 질려 요리를 포기하고 싶을 때도 많을 거예요.

그런 초보 요리자 분들을 위해 이 책은 <u>반드시 필요한 메인 재료를 서너 가지로 제한하고, 추가해도 좋은 재료를 따로 표기해 두었습니다.</u> 물론

재료를 더 추가하면 좀 더 풍부한 맛을 낼 수 있지만, 재료가 갖추어져 있지 않거나 조리 과정을 간소화하고 싶다면 이 책의 레시피만으로 충분히 만족스러운 맛을 낼 수 있을 거예요.
또한 이 책의 메뉴는 고기, 해산물, 채소, 달걀과 두부 등의 메인 재료를 기준으로 분류하였습니다. 오늘은 또 어떤 요리를 할지 고민이 된다면, 우선 메인 재료의 종류를 골라보세요. 고기 또는 해산물 등 원하는 종류를 고른 뒤, 책에 소개되어 있는 메뉴들을 가벼운 마음으로 훑어보시면 오늘의 요리 선택에 도움이 될 거예요.

여러모로 부족한 제게 이런 값진 기회를 주신 마이크임팩트 홍미영 팀장님과 부즈펌 대표님, 편집자님께 감사드립니다. 그리고 이 책에 실린 사진을 아름답게 찍어주시고, 레시피 검증단이자 최고의 어시스트가 되어주신 실력 있는 포토그래퍼 김영기, 그리고 가장 든든한 지원군인 부모님과 그밖에 도움 주신 모든 분들께 감사합니다.

2013년 가을, 저자 강지수

차례 | 최소의 재료 최고의 맛

4 · 작가의 말 / 11 · 이 책의 기본 가이드 / 13 · 내 손으로 만드는 건강한 양념과 드레싱 /
14 · 맛있는 육수 만들기 / 18 · 저장 반찬 만들기

고기  meat

27 · 가지 쇠고기 덮밥
29 · 갈비구이
31 · 고추장 불고기
33 · 닭갈비
35 · 닭개장
37 · 닭 버섯 조림
39 · 닭볶음탕
41 · 닭봉 강정
43 · 닭봉 레몬간장 조림
45 · 닭온반
47 · 대파 육개장
49 · 데리야끼 치킨 덮밥
51 · 돼지고기 생강 구이와 오이 샐러드
53 · 돼지고기 숙주 볶음
55 · 돼지목살 치즈 구이
57 · 목살 된장구이와 파채 무침
59 · 버섯 불고기 덮밥
61 · 베이컨 깻잎 덮밥
63 · 부대찌개
65 · 삼겹살 고추장 찌개
67 · 삼겹살 김치찜
69 · 쇠고기 감자 조림
71 · 쇠고기 강된장
73 · 쇠고기 무국
75 · 쇠고기 미역국
77 · 쇠고기 볶음 고추장
79 · 쇠고기 오이 볶음밥
81 · 쇠고기 우엉 볶음
83 · 쇠고기 장조림
85 · 차돌박이 양념구이와 부추 겉절이
87 · 차돌박이 청국장찌개
89 · 후추 치킨

해산물 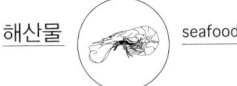 seafood

93 · 갈치 조림
95 · 건새우 마늘종 볶음
97 · 건새우 무국
99 · 골뱅이 매운탕
101 · 골뱅이 비빔 당면
103 · 굴국밥
105 · 굴 시금치 볶음
107 · 김자반
109 · 김조림
111 · 꼬막 무침
113 · 꽁치 마늘 구이
115 · 꽁치 생강 조림
117 · 낙지 무국
119 · 멸치 견과류 볶음
121 · 명란젓 두부찌개
123 · 미역줄기 볶음
125 · 바지락 순두부찜
127 · 오징어 볶음
129 · 우렁 된장찌개
131 · 잔멸치 주먹밥
133 · 쥐포 조림
135 · 진미채 튀김
137 · 참치마요 덮밥
139 · 코다리 콩나물찜
141 · 통오징어 버터구이
143 · 해물 간장 볶음밥
145 · 해물 덮밥
147 · 해물 순두부 찌개
149 · 해장 북엇국
151 · 매콤 홍합찜
153 · 홍합탕
155 · 홍합 토마토찜
157 · 참치 샌드위치

채소 vegetable

- 161 · 가지 된장구이
- 163 · 가지 볶음
- 165 · 감자전
- 167 · 감자채 볶음
- 169 · 고사리 나물
- 171 · 구운 호박 초무침
- 173 · 김치 콩나물국
- 175 · 꽈리고추 조림
- 177 · 대파 간장구이
- 179 · 도라지 무침
- 181 · 들깨 무나물
- 183 · 마늘 볶음밥
- 185 · 마늘종 조림
- 187 · 맛타리버섯전
- 189 · 무생채 비빔밥
- 191 · 무 조림
- 193 · 무 콩나물 볶음
- 195 · 미나리전
- 197 · 배추 겉절이
- 199 · 버섯 들깻국
- 201 · 버섯 들깨 볶음
- 203 · 버섯 매운탕
- 205 · 볶은 채소 샐러드
- 207 · 생강 볶음밥
- 209 · 시금치 된장 나물
- 211 · 쑥국
- 213 · 애플슬로
- 215 · 애호박 멸치 조림
- 217 · 애호박 새우살 볶음
- 219 · 애호박전
- 221 · 오이고추 된장 무침
- 223 · 오이 냉국
- 225 · 옥수수전
- 227 · 즉석 깻잎 찜
- 229 · 즉석 파 장아찌
- 231 · 콩나물 무침
- 233 · 토마토 홍초 마리네이드

달걀과 두부 egg & tofu

- 237 · 달걀 볶음밥
- 239 · 달걀 샌드위치
- 241 · 달걀 채소 오믈렛
- 243 · 달걀 유부 맑은 국
- 245 · 달걀죽
- 247 · 달걀 치즈 덮밥
- 249 · 메추리알 장조림
- 251 · 베이컨 에그롤
- 253 · 치즈 달걀말이
- 255 · 두부 가지 그라탕
- 257 · 두부 강정
- 259 · 두부 견과류 조림
- 261 · 두부 김치 피자
- 263 · 두부 베이컨 과자
- 265 · 두부 스테이크 덮밥
- 267 · 두부 쌈장
- 269 · 두부 조림
- 271 · 따뜻한 두부 샐러드
- 273 · 순두부 맑은 국
- 275 · 연두부 달걀찜
- 277 · 연두부 쑥갓 샐러드
- 279 · 연두부 조개 술찜
- 281 · 연두부 토마토 샐러드

최소의 재료·최고의 맛

이 책의 기본 가이드

- 모든 레시피는 2인분을 기준으로 하였습니다.
- 재료 설명 중 [ ] 안에 있는 재료는 생략 가능한 선택 재료입니다.
- 가루류, 장류, 액체류의 계량은 밥숟가락과 일회용 컵을 기준으로 하였습니다.
- 한 줌 등의 손대중 계량은 사용하지 않는 대신 재료 사진을 따로 첨부하였으므로 계량에 참고하세요.

(1)
한 숟가락 수북하게 담은 양

(0.5)
숟가락의 반 정도 담은 양

(0.3)
숟가락의 3분의 1 정도 담은 양

(1컵)
일회용 컵 1컵을
가득 채운
양(200ml)

가루류

(1)
숟가락에 불룩하게 담은 양

(0.5)
숟가락의 반보다 조금 올라온 양

(0.3)
숟가락의 3분의 1 정도 담은 양

(1컵)
일회용 컵 1컵을
가득 채운
양(200ml)

액체류

(1)
숟가락에 불룩하게 담은 양

(0.5)
숟가락의 반 정도 담은 양

(0.3)
숟가락의 3분의 1 정도 담은 양

장류

최 소 의 재 료 · 최 고 의 맛
내 손으로 만드는 건강한 양념과 드레싱

☐ **불고기 양념** ※소불고기 300g기준
　간장 3, 설탕 1.5, 다진 마늘 0.5, 청주 0.5, 참기름 0.3, 후추 약간

☐ **데리야끼소스**
　간장 4, 청주 4, 설탕 3, 올리고당 1, 물 2 [생강 1알, 마늘 1알]

☐ **초간장**
　간장 1, 식초 1, 맛술 1

☐ **초고추장**
　고추장 3, 식초 3, 설탕 1.5, 레몬즙 1

☐ **쌈장**
　된장 2, 고추장 0.5, 올리고당 1, 다진 마늘 0.5, 참기름 1

☐ **나물용 된장양념**
　된장 1, 고추장 0.5, 다진 마늘 0.5, 참기름 1.5

☐ **겨자소스**
　연겨자 0.5, 설탕 1, 식초 2, 간장 0.2 또는 소금 한 꼬집 [마요네즈 1]

☐ **간장 참깨 드레싱**
　간장 2, 식초 1, 올리고당 1, 올리브유 1, 참깨 1

☐ **허니 머스터드 드레싱**
　디종 머스터드 1.5, 마요네즈 1, 올리고당 1.5 또는 꿀 0.5, 레몬즙 0.5

☐ **새콤달콤 드레싱**
　올리브유 3, 설탕 3, 식초 3, 허브솔트 1

☐ **오리엔탈 드레싱**
　간장 1, 식초 1, 설탕 0.5, 다진 양파 1, 올리브유 1, 참기름 0.3, 후추 약간 [다진 마늘 0.3]

☐ **귤 드레싱**
　다진 귤(통조림) 5, 통조림 시럽 6, 다진 양파 2, 올리브유 1, 소금 0.3, 레몬즙 0.5, 후추 약간

☐ **토마토 살사**
　토마토 2개, 다진 양파 4, 청양고추 ⅓개, 소금 두 꼬집, 레몬즙 1.5, 설탕 0.3,
　다진 마늘 0.3, 후추 약간 [올리브유 1]

최소의 재료·최고의 맛

미리 만들어두면 어떤 메뉴도 쉽고 빠르게 만들 수 있는
맛있는 육수 만들기

육수만 맛있게 만들어 놓아도 요리의 반은 성공한 셈이에요.
우리가 먹는 국, 찌개, 전골 대부분에 육수가 들어가기 때문에 미리 일주일 분량씩
만들어두면 조리 시간을 많이 줄일 수 있어요.

멸치 육수

 **기본재료** 국물용 멸치 40마리(30g), 다시마 10×10cm, 통후추 10알, 물 2ℓ(10컵)
[무 50g, 대파 15cm(40g)]

1 멸치는 등을 눌러 반으로 갈라 머리와 내장을 제거하고, 무는 반으로 자른다.

2 냄비에 멸치를 넣고 중불로 2분간 볶은 다음 불을 끄고 분량의 물과 나머지 재료를 넣고 센불로 10분간 끓인다. (불을 켠 채로 차가운 물을 넣으면 물이 튈 수 있으니 식힌 다음 물을 붓거나 불을 끄고 가장자리로 흘려 넣는다.)

3 육수가 끓어오르면 중불로 줄이고 5분 후 다시마를 건져낸다. 끓이는 도중 생기는 거품은 걷어낸다.

4 약불로 줄여 5분간 더 끓이고 한 김 식혀 면 보자기나 키친타올을 체에 덮고 거른다.

- 반드시 뚜껑을 열고 끓여야 멸치 비린내가 안 나요.
- 한두 번 쓸 정도만 만들 거라면 레시피 분량의 반만 사용하세요.
- 걸러진 육수는 유리 밀폐용기나 생수병에 담아 냉장실에서 일주일, 냉동실에서 한 달 동안 보관할 수 있습니다.

다시마 육수

기본재료 다시마 10x10cm, 물 1ℓ (5컵) [무 50g, 표고버섯 1개]

1 냄비에 물을 붓고 다시마를 넣어 10분 정도 둔다.
2 무는 2등분하고, 표고버섯은 행주로 겉의 흙을 털어낸다.
3 1에 무와 표고버섯을 넣고 센불로 끓이다 보글보글 끓어오르면 다시마를 건져내고 5분 후 불을 끈다.
4 면 보자기나 키친타올을 체에 덮고 맑은 육수만 걸러낸다.

- 다시마 육수는 조림이나 채소찜 등 담백한 요리에 사용하세요.
- 국물을 내는 용도로는 두꺼운 다시마가 좋아요.

쇠고기 육수

기본재료 쇠고기 사태 또는 양지 300g, 다시마 10x10cm, 대파 10cm(30g), 통후추 5알, 물 2ℓ (10컵)
[무 100g, 청주 3, 마늘 2알, 양파 40g]

1 쇠고기는 찬물에 30분~1시간 담가두어 핏물을 제거한다. 무는 4등분하고, 양파는 2등분한다.
2 냄비에 재료를 모두 넣고 분량의 물을 부어 센불로 끓인다.
3 육수가 끓어오르면 중약불로 줄여 30분~1시간 끓이고 거품은 걷어낸다.
4 면 보자기나 키친타올을 체에 덮고 맑은 육수만 걸러 차갑게 식히고 윗면의 굳은 기름은 걷어낸다.

- 쇠고기는 육수를 끓이기 전에 핏물을 제거해야 누린내가 나지 않아요. 핏물 제거 후에는 찬물에 넣고 끓이기 시작해야 국물이 잘 우러나요.
- 잡내 제거를 위해 청주를 넣는데, 육수가 보글보글 끓을 때 넣어야 해요. 청주가 없으면 소주나 미림을 넣으세요.

최소의 재료·최고의 맛
간단히 만들어뒀다 야금야금 먹는 상큼 시원 저장반찬

언제고 먹을 수 있는 반찬이 냉장고에 두세 가지만 있어도 식사 준비가 그리 두렵지 않아요.
여러모로 활용 가능한 저장반찬 중 재료도 간단하고 만들기도 간편한 몇 가지를 소개할게요.

홈메이드 오이 피클

이 레시피의 가장 큰 장점은 일반적인 피클과는 다르게 절임물을 끓이지 않고 만든다는 점이에요.
절임물을 끓이지 않으니 피클 만드는 일이 얼마나 간편한지 몰라요.

기본재료 백오이 3개(500g), 소금 1, 물 ½컵 [미니 파프리카 1개(50g), 무 50g]
절임물 식초 1컵, 설탕 1컵, 레몬 ½개, 통후추 10알 [월계수 잎 1장, 피클링 스파이스 0.5]

1 오이는 소금으로 문질러 씻어 0.8cm 두께로 썰고, 파프리카는 꼭지를 떼고 한입 크기로, 무는 4cm
  스틱 모양으로 자른다.
2 볼에 1의 채소를 담고 소금을 녹인 물을 부어 10분 가량 절이고 체에 받쳐 물기를 제거한다.
  (물에 헹구지 마세요)
3 다른 볼에 설탕과 식초를 넣고 저어 완전히 녹이고 월계수 잎과 통후추를 넣은 다음 레몬즙을 짠다.
4 소독해둔 유리 용기에 2의 채소를 담고 3의 절임물을 붓는다. 실온에 하루 두었다가 냉장 보관한다.

- 피클링 스파이스에는 계피, 코리앤더, 정향 등 각종 향신료가 들어있어 풍부한 맛을 내주고, 피클의 보존 기간을
  늘려줘요. 대형 마트 또는 백화점 식품 코너에서 구입할 수 있어요.
- 처음에 용기에 부을 때는 절임물이 부족한 듯하지만, 하루 정도 지나면 충분히 물이 생기니 걱정하지 마세요.

오이고추 간장 장아찌

아주 간단한 재료 배합으로 완성되는 간장 장아찌예요. 설탕의 양은 기호에 따라 절반까지 줄여도 좋아요.
남은 절임물은 버리지 말고 파전 먹을 때 양념장으로, 비빔밥 소스로, 샐러드 드레싱 등으로 다양하게 활용해보세요.

기본재료 오이고추 15개(280g)   **절임물** 간장 · 설탕 · 식초 · 물 1컵씩

1 고추는 깨끗이 씻어 물기를 제거한 후 꼭지를 떼고 한입 크기로 썬다.

2 냄비에 절임물 재료를 모두 섞는다.

3 절임물을 팔팔 끓인다.

4 소독한 유리 용기에 썰어둔 고추를 차곡차곡 넣고 끓인 절임물을 부은 뒤 뚜껑을 닫는다.

• 장아찌는 실온에 하루 정도 두었다가 절임물만 따라내 다시 한 번 팔팔 끓여 부어야 오래 두고 먹을 수 있어요.
많은 양이 아니라서 일주일 안에 먹을 수 있다면 다시 끓여서 붓는 과정은 생략해도 돼요.

중국식 오이김치, 마라황과

만들기도 너무나 간단한데 맛도 좋아서 한 번 만들어도 3일을 못 가요. 매콤하면서 상큼해서
고기 먹을 때나 피자 먹을 때 피클보다 이게 더 생각나요. 후다닥 만들어 냉장고에 넣어둔 다음날이 제일 맛있어요.

기본재료 백오이 3개, 소금 1, 물 ½컵   **절임물** 다진 마늘 2, 두반장 2, 간장 1.3, 식초 1.3, 설탕 1, 고추기름 2

1 오이는 깨끗이 씻어 길게 반으로 가르고 씨를 긁어낸 후 크기에 따라 길게 2~3등분하고 한입 크기로 자른다.

2 오이에 소금과 물을 넣고 잘 섞어 10분간 절이고 면보로 물기를 짠다.

3 오이 절이는 동안 양념장을 만든다.

4 절여서 물기를 짠 오이와 양념장을 버무린다.

- 두반장은 대두와 누에콩을 발효시켜 만든 중국의 조미료로, 매운 고추와 향신료가 들어있어 독특한 향과 맛이 나요. 마트나 백화점 식품코너에서 구입이 가능해요.

연근 유자 피클

보기만 해도 상큼한 연근 유자 피클은 병에 담으면 너무 예뻐 선물하기도 좋아요.

기본재료 연근 200g, 식초 0.3, 소금 0.3, 물 600ml(3컵), 레몬 ⅓개
절임물 물 ⅔컵, 식초 ⅓컵, 설탕 ½컵, 소금 0.5, 유자청 1, 레몬즙 1

1 연근은 깨끗이 씻어 필러로 껍질을 벗기고 0.5cm 두께로 썬다.

2 끓는 물에 식초와 소금을 넣고 연근을 1분간 데친 뒤 찬물에 헹궈 물기를 제거한다.

3 냄비에 절임물 재료를 넣고 끓인다. 소금과 설탕이 녹으면 불을 끈다.

4 소독해둔 유리 용기에 연근을 담고 레몬 슬라이스를 올려 뜨거운 절임물을 붓고 뚜껑을 닫는다.

| • 실온에서 하루 숙성 후 냉장 보관하세요.

• 저장반찬을 만들 때 유의해야 할 용기 소독 방법 •

유리 용기가 담길 정도의 큰 냄비에 행주나 면보를 깐 뒤 용기를 넣고 물을 받아 팔팔 끓이세요. 용기가 완전히 잠기지 않으면 집게로 용기를 요리조리 돌려가며 골고루 소독하세요. 5분 정도 끓인 뒤 용기는 집게로 건져내 내부의 물을 버리고 입구가 위로 올라오게 두어 그대로 말려 사용하세요. 남은 열기로 5~10분이면 물기가 모두 증발해요.

고기 meat /32

가지 쇠고기 덮밥 · 갈비구이 · 고추장 불고기 · 닭갈비 · 닭개장 · 닭 버섯 조림 · 닭볶음탕 · 닭봉 강정 · 닭봉 레몬간장 조림 · 닭온반 · 대파 육개장 · 데리야끼 치킨 덮밥 · 돼지고기 생강 구이와 오이 샐러드 · 돼지고기 숙주 볶음 · 돼지목살 치즈 구이 · 목살 된장구이와 파채 무침 · 버섯 불고기 덮밥 · 베이컨 깻잎 덮밥 · 부대찌개 · 삼겹살 고추장 찌개 · 삼겹살 김치찜 · 쇠고기 감자 조림 · 쇠고기 강된장 · 쇠고기 무국 · 쇠고기 미역국 · 쇠고기 볶음 고추장 · 쇠고기 오이 볶음밥 · 쇠고기 우엉 볶음 · 쇠고기 장조림 · 차돌박이 양념구이와 부추 겉절이 · 차돌박이 청국장찌개 · 후추 치킨

기본재료 가지 1개(200g), **다진 쇠고기** 100g, **양파** 40g,
다진 마늘 0.5, 식용유 1, 후추 약간
양념재료 고추장 1.5, 간장 2, 올리고당 1.5
전분물 전분 0.5, 물 ½컵

🍖 가지 쇠고기 덮밥

1 양념재료를 섞어 양념장을 만든다. 전분 반 큰술을 물 반 컵에 개어둔다.
2 가지는 1cm 두께로 둥글게 썬 다음 4~6등분하고, 양파는 굵게 채 썬다.
   다진 쇠고기는 키친타올로 눌러 핏물을 제거하고 양념장을 한 큰술 넣고 섞어 밑간한다.
3 팬에 식용유를 두르고 다진 마늘과 채 썬 양파를 볶다가 밑간한 쇠고기를 넣어 젓가락으로
   고기를 풀어가며 중불로 볶는다.
4 쇠고기가 익으면 썰어둔 가지와 양념장을 넣고 1분 정도 볶는다. 전분 갠 물을 붓고 잘 섞어
   소스가 걸쭉해지면 후추를 약간 뿌리고 밥 위에 얹어 낸다.

• 다진 쇠고기는 다진 돼지고기 또는 큐브형 참치로 대체해도 좋아요.
• 후추는 양념에 섞기보다 마지막에 뿌려주면 향이 날아가지 않아 좋아요.
• 가지 대신 두부를 이용하면 마파두부를 만들 수 있어요.

기본재료 LA갈비 300g, 배 100g, **양파** 30g
양념재료 간장 3, 다진 마늘 1, 설탕 0.5, 후추 약간

갈비구이

1 갈비는 찬물에 30분 이상 담가 핏물을 제거한다.
2 배와 양파를 믹서나 블렌더에 갈아 양념재료와 섞어 양념장을 만든다.
3 갈비를 깨끗한 물에 헹군 뒤 양념장을 부어 20분 정도 재운다.
4 달군 팬에 갈비를 올려 센불로 앞뒤 노릇하게 굽는다.
5 중약불로 줄이고 여분의 양념장을 부어 조리듯 굽는다.

- 배가 없을 때는 설탕을 1.5큰술로 늘려 양념장을 만드세요.
- 고기의 핏물을 제대로 제거해야 누린내가 나지 않고 맛이 깔끔해요. LA갈비는 30분 정도만 담가도 상관없지만, 두꺼운 갈빗대가 붙은 갈비는 훨씬 더 오랫동안 담가 핏물을 제거해야 해요.

기본재료 불고기용 돼지고기 300g, 대파 40g
양념재료 양파 40g, 사과 100g, 간장 2, 고추장 2.5, 고춧가루 0.5 [홍고추 1개]

고추장 불고기

1 양파와 사과, 홍고추는 블렌더에 곱게 갈아 양념재료와 섞어 양념장을 만든다.

2 돼지고기를 양념장에 버무려 10분간 재운다.

3 대파는 어슷하게 썬다.

4 달군 팬에 고기를 볶다가 고기가 다 익으면 썰어둔 대파를 넣고 1분간 더 볶는다.

- 홍고추는 색을 예쁘게 내주고 좀 더 깔끔한 맛을 내줘요.
- 사과와 양파를 갈아 넣는 대신 설탕은 전혀 사용하지 않았어요.
  사과 대신 배를 사용해도 좋아요.

기본재료 **닭 다리 살** 300g, **양배추** 100g, **깻잎** 10장,
식용유 0.5 [고구마 100g]
양념재료 고추장 1, 고춧가루 1, 간장 3, 다진 마늘 1, 맛술 3

닭갈비

1 고구마는 깨끗이 씻어 껍질째 막대 모양으로 썰고, 양배추와 깻잎은 흐르는 물에 씻어 물기를 제거하고 한입 크기로 썬다.

2 닭 다리 살은 서너 조각으로 잘라 양념장의 ⅔를 넣고 버무려 10분간 재운다.

3 달군 팬에 식용유를 두른 뒤 양념한 닭, 채소, 남은 양념장을 넣고 센불로 3분 정도 볶다가 중불로 줄여 타지 않도록 익힌다.

4 닭이 다 익으면 깻잎을 넣고 불을 끈 뒤 재빨리 섞어 그릇에 담는다.

- 닭과 채소를 함께 버무려 10분간 두면 채소에서 물이 나와 국물이 흥건해질 수 있어요. 채소는 볶기 전에 바로 양념에 무쳐 볶으세요.
- 양념장에 카레 가루를 0.3~0.5정도 첨가해도 맛있어요.

기본재료 닭가슴살 2덩어리(200g), 숙주 120g, **고사리** 100g,
대파 60g, 소금 약간
양념재료 국간장 3, 고춧가루 2, 다진 마늘 1, 참기름 1, 후추 약간

닭개장

1 대파는 4cm 길이로 잘라 길게 4등분하고, 고사리도 4cm 길이로 자른다.

2 냄비에 물을 4컵 붓고 끓여 닭가슴살을 삶아 건져낸다. 닭가슴살을 삶은 물에 숙주와 대파를 넣어 30초 정도 데친다. (삶은 물은 버리지 않고 육수로 활용한다)

3 익힌 닭가슴살은 먹기 좋게 결대로 찢고 숙주, 고사리, 대파와 함께 양념재료로 버무린다.

4 버무린 재료를 냄비에 넣고 닭 삶은 육수를 부어 팔팔 끓인다. 부족한 간은 소금으로 맞춘다.

- 닭가슴살 대신 닭봉이나 닭날개를 이용하면 닭 껍질과 닭 뼈에서 우러난 육수로 좀 더 깊은 맛을 낼 수 있어요.
- 기호에 따라 달걀을 풀어 익혀 드셔도 좋아요.

기본재료 닭 반 마리(500~550g), **건표고버섯** 3장,
소금 0.3, 후추 약간 [양송이버섯 2개]
양념재료 건표고버섯 불린 물 또는 다시마 육수 1.5컵, 간장 3,
맛술 1.5, 후추 약간

닭 버섯 조림

1

2

3

4

1 닭은 깨끗이 씻고 소금 0.3, 후추 약간을 넣어 밑간한다.

2 건표고버섯은 따뜻한 물에 불려 포를 뜨듯이 비스듬히 썰고, 양송이는 먹기 좋은 크기로 썬다.

3 달군 팬에 밑간한 닭을 껍질 쪽부터 노릇하게 앞뒤로 굽고, 팬의 가장자리로 양념장을 흘려 넣는다.

4 양념장을 끼얹어가며 조리다 국물이 반 정도 남았을 때 버섯을 넣고 3분 정도 더 조린다.

• 생표고버섯을 사용하거나 다시마 육수가 없을 경우 물 1.5컵에 다시마(5x3cm)를 넣어 함께 조리세요.
표고버섯 불린 물을 육수로 사용하면 버섯의 감칠맛과 향 덕분에 맛이 좋아져요.

기본재료 닭 반 마리(500g), 감자 1개(150g), 대파 40g,
버터 0.3, 소금 0.3, 후추 약간, 물 1.5컵 [홍고추 1개]
양념재료 진간장 1, 국간장 1, 고춧가루 2, 맛술 1, 다진 마늘 0.5

닭볶음탕

1 닭은 깨끗이 씻어 물기를 제거하고 소금 0.3, 후추 약간으로 밑간한다.

2 감자는 한입 크기로 썰고, 대파와 홍고추는 어슷썬다.

3 팬에 버터를 녹인 뒤 닭을 껍질 쪽부터 앞뒤로 노릇하게 굽고, 감자를 넣어 2분간 익힌다.

4 물과 양념장을 넣어 중불로 끓이다가 닭과 감자가 다 익으면 대파와 홍고추를 넣고 1분간 끓인다.

- 닭 기름이 많이 나오는 게 부담스러울 땐 껍질을 제거한 후 조리하세요.
- 국물에 밥을 비벼 먹고 싶을 땐 양념장을 1.5배로 만들고 물을 2.5컵으로 늘려 조리하세요.
- 매콤칼칼한 맛을 원하시면 청양고추 1개를 송송 썰어 넣어주세요.

기본재료 **닭봉** 500g, **허브솔트** 0.5
양념재료 간장 2, 올리고당 3, 다진 마늘 1 [후추 0.3]

닭봉 강정

1 깨끗이 씻어 물기를 제거한 닭에 허브솔트를 뿌리고 버무려 10분 정도 재운다.

2 양념재료를 섞어 중불로 40~50초 정도 끓인다.

3 밑간한 닭을 200℃로 예열한 오븐에 13분 정도 굽는다.

4 구운 닭을 끓인 양념장에 버무린다.

- 양념장은 전자레인지로 데울 수도 있는데, 그릇에 랩을 씌우고 30초씩 2~3번 데우면 돼요. 한 번에 오랫동안 돌리면 양념장이 끓어올라 넘치거나 랩이 터질 수 있으니 30초씩 나누어 돌리세요.
- 닭 밑간을 충분히 오랫동안 해두면 양념장 없이도 맛있게 드실 수 있어요.

기본재료 닭봉 14개(500g), 레몬 1개, **허브솔트** 0.5, 식용유 약간
양념재료 간장 3, 맛술 2, 올리고당 2, 물 6, 레몬즙 3

🍗 닭봉 레몬간장 조림

1 레몬은 반으로 잘라, 반은 스퀴저 또는 손으로 즙을 짜고, 나머지는 얇게 슬라이스한다.

2 닭봉은 깨끗이 씻어 살이 많은 쪽에 칼집을 두세 군데 넣은 뒤 허브솔트를 뿌려 10분간 재운다.

3 달군 팬에 식용유를 약간 두르고 닭봉을 돌려가며 중불로 노릇하게 굽는다.
(키친타올로 기름을 닦아내며)

4 약불로 줄이거나 불을 끈 뒤 팬 가장자리로 양념장을 흘려 넣는다. 센불로 3분, 약불로 4~5분간 닭이 완전히 익도록 조린다. 슬라이스한 레몬을 곁들여 낸다.

- 레몬이 없을 때는 시판 레몬즙을 사용해도 좋지만, 레몬을 사용하는 것이 맛과 향이 훨씬 좋아요.
- 허브솔트가 없을 땐 소금(0.5), 후추(0.2)로 대체 가능해요.

기본재료 닭다리 3개, 대파 30g, 새송이버섯 1개(75g),
식용유 0.5, 소금 약간
양념재료 국간장 2, 다진 마늘 1, 고춧가루 0.5, 참기름 1, 후추 약간

닭온반

1 냄비에 물 4컵과 칼집을 두세 군데 넣은 닭다리, 대파 자투리를 넣고 15~18분간 끓인 뒤 닭다리는 살을 발라 찢고, 국물은 따로 놔둔다.

2 새송이버섯은 밑동을 자르고 둥글게 편썰기 한 뒤 얇게 채 썰고, 대파는 송송 썬다. 양념재료를 섞어 양념장을 만든다.

3 팬에 식용유를 두르고 새송이버섯과 대파를 넣은 뒤 소금 한 꼬집을 뿌려 볶는다.

4 그릇에 밥을 담고 닭 다리 살, 볶은 버섯, 대파를 올린 뒤 따뜻한 닭 국물을 붓는다. 양념장을 곁들인다.

- 닭다리는 닭가슴살로 대체 가능하지만, 뼈가 있는 닭다리를 끓인 국물이 훨씬 맛있어요.
- 기본적으로 닭 국물에는 전혀 간을 하지 않지만, 소금으로 약하게 간을 맞추어도 상관없어요.

기본재료 쇠고기 국거리 200g, 대파 100g, 물 2.5컵
양념재료 고춧가루 1.5, 국간장 1, 멸치액젓 1.5, 다진 마늘 1, 참기름 1, 후추 약간

대파 육개장

1 대파는 4~5cm 길이로 썰고 길게 4등분한다.

2 끓는 물에 대파를 20초간 데친다.

3 냄비에 쇠고기와 데친 대파를 넣고 양념재료를 넣어 조물조물 무친다.

4 중불에서 고기가 익도록 볶다가 물을 붓고 센불로 10분간 끓인다.

- 육개장은 보통 양지머리나 사태를 푹 삶아서 결대로 찢어서 사용하고, 고기 삶은 물을 육수로 써요. 여의치 않을 경우에는 국거리용으로 잘라둔 양지를 사용하면 시간을 절약할 수 있어요.
- 대파를 데쳐 사용하면 푸른 부분에서 나오는 진액이 제거되며 매운맛은 줄어들고 단맛이 나요. 이 과정이 번거롭다면 파를 썰어서 찬물에 헹궈 사용해도 돼요.
- 멸치액젓이 없으면 국간장으로 대체하세요.

기본재료 닭 다리 살 300g, 대파 60g, 밀가루 2, 식용유 1 [생강편 3쪽]
밑간재료 소금 0.3, 후추 약간
소스재료 간장 4, 청주 4, 설탕 3, 올리고당 1, 물 2

데리야끼 치킨 덮밥

1 대파는 4cm 길이로 썰고, 닭 다리 살은 1cm 간격으로 칼집을 넣는다.

2 칼집 낸 닭 다리 살에 소금, 후추로 밑간하고 밀가루를 고루 묻힌다.

3 달군 팬에 식용유를 두르고 2의 닭 다리 살을 껍질 쪽부터 앞뒤로 노릇하게 굽는다. 썰어둔 대파도 노릇하게 구워 접시에 담아둔다.

4 닭을 구운 팬에 소스재료와 생강편을 넣고 바글바글 끓이다 구운 닭 다리 살과 대파를 넣어 조린다. 밥 위에 얹어 낸다.

• 대파를 구울 때는 그을린 자국이 나도록 굽고, 소스에 조릴 때도 충분히 조려야 대파의 단맛이 나면서 소스도 맛있어요.

기본재료 불고기용 돼지고기 250g, 오이 100g, 양파 40g, 식용유 약간
양념재료 간장 3, 맛술 2, 물 1, 생강 10g, 설탕 0.5 [다진 마늘 0.5]
드레싱 설탕 1, 식초 2, 소금 0.3, 참기름 0.5

돼지고기 생강 구이와 오이 샐러드

1 생강을 강판에 갈아 나머지 양념재료와 섞어 양념장을 만들고,
돼지고기에 부어 조물조물 무쳐 10분간 재운다.

2 오이는 얇게 통썰고, 양파는 채 썬다.

3 달군 팬에 식용유를 약간 두르고 고기를 넣어 중불 혹은 중약불로 익힌다.

4 볼에 드레싱 재료를 모두 섞고 썰어둔 오이와 양파를 넣어 버무려 낸다.

• 돼지고기 생강구이에는 등심 또는 목살이 적당해요.

기본재료 불고기용 돼지고기 200g, 숙주 120g, 청양고추 2개, 간장 1.5, 식용유 0.5
양념재료 다진 마늘 0.5, 간장 1, 맛술 1, 후추 약간 [다진 생강 0.3]

돼지고기 숙주 볶음

1 돼지고기는 양념재료에 버무려 10분간 재운다.
2 청양고추는 얇게 송송 썰고, 숙주는 깨끗이 씻어 체에 밭쳐 물기를 제거한다.
3 달군 팬에 식용유를 두르고 재운 고기를 넣어 센불로 재빨리 볶는다.
4 숙주와 청양고추, 간장을 넣고 센불로 재빨리 볶는다.

- 숙주를 넣은 다음 가장 센불로 재빨리 볶아야 물이 많이 안 생겨요.
- 레몬 ¼개를 곁들여 내 먹기 직전 레몬즙을 살짝 뿌려도 좋아요.
- 밥을 넣어 볶아도 아주 맛있어요.

기본재료 돼지목살 300g, **피자치즈** 100g, **양파** 130g, 허브솔트 0.3
양념재료 간장 2, 맛술 1, 케첩 0.5, 다진 마늘 0.5

돼지목살 치즈 구이

1 양파는 채 썰어 찬물에 10분 정도 담가 두었다가 체에 밭쳐 물기를 제거한다.

2 돼지목살은 먹기 좋은 크기로 잘라 허브솔트로 밑간한다.

3 달군 팬에 밑간한 목살을 올려 앞뒤로 노릇하게 굽고, 불을 약하게 줄여 팬 가장자리로 양념장을 흘려 넣어 조린다.

4 조려진 고기 위에 피자치즈를 골고루 뿌리고 뚜껑을 덮어 치즈를 녹인다. 그릇에 담아 채 썬 양파를 올려 낸다.

| • 양파는 채 썰어 찬물에 담가두어야 매운맛이 빠져 부담 없이 드실 수 있어요.

기본재료 돼지목살 300g, 대파 70g, 식용유 0.5
양념재료 된장 1.5, 올리고당 1, 맛술 1, 물 1
파채소스 간장 0.5, 식초 2, 설탕 1, 연겨자 0.3

목살 된장구이와 파채 무침

1 돼지고기 목살에 십자 모양으로 얇은 칼집을 낸다.

2 볼에 양념재료를 모두 넣어 섞고, 목살을 넣어 조물조물 버무린다.

3 달군 팬에 식용유를 두르고 양념한 고기를 올려 중약불로 앞뒤 노릇하게 굽는다.

4 파채는 파채칼을 이용하거나 대파를 길게 반을 갈라 돌돌 만 뒤 가늘게 채 썰어 찬물에 담가 두었다가 체에 밭쳐 물기를 제거하고, 파채소스 양념에 버무려 낸다.

- 목살 된장구이는 양념이 탈 수 있으므로 불 조절을 잘 해야 해요. 처음엔 중불로 앞뒤를 노릇하게 굽고, 중약불로 줄여 속까지 익히거나 약불로 뚜껑을 덮어 익히세요.
- 파채는 찬물에 담가두면 매운맛이 덜하고 파의 볼륨이 살아나서 좋아요.

기본재료 불고기용 쇠고기 200g, **표고버섯** 1장, **양파** 70g, 식용유 0.3, 전분 1 [백만송이버섯70g, 팽이버섯 60g]
양념재료 간장 3, 설탕 1, 다진 마늘 0.5, 맛술 0.5, 후추 약간

버섯 불고기 덮밥

1 팽이버섯과 백만송이버섯은 밑동을 자른 뒤 적당히 찢고, 표고버섯은 따뜻한 물에 불려 물기를 제거하고 채 썬다. 양파는 굵게 채 썬다. (버섯 불린 물은 버리지 않고 둔다)

2 양념장을 만들어 분량의 ⅔를 고기에 넣고 버무린다.

3 달군 팬에 식용유를 두르고 중약불로 고기를 볶다가 양파와 버섯을 넣고 센불로 볶는다.

4 남은 양념장에 버섯 불린 물 1컵과 전분을 섞어 3에 붓고 걸쭉해지도록 끓인다. 밥 위에 올려 낸다.

- 고기를 볶을 때 중약불에서 젓가락으로 고기를 풀어가며 볶아야 고기가 뭉치지 않고 부드러워요.
- 후추는 양념에 넣긴 하지만, 볶고 끓이는 동안 향이 날아가므로 마지막에 살짝 더 뿌려주면 좋아요.

기본재료 베이컨 100g, 깻잎 10장, **달걀** 2개, 식용유 약간
소스재료 간장 2, 설탕 1.5, 청주 2, 다진 마늘 0.3

베이컨 깻잎 덮밥

1 베이컨은 2cm 간격으로 썰고, 깻잎은 깨끗이 씻어 돌돌 말아 채 썬다.

2 팬에 식용유를 두르고 달걀후라이를 굽는다.

3 달걀을 구운 팬에 베이컨을 바삭하게 굽는다.

4 소스재료를 섞어 전자레인지에 20초간 돌린 다음 밥 위에 뿌리고, 깻잎채와 베이컨, 달걀후라이를 얹어 낸다.

- 베이컨을 구울 때 나온 기름에 밥과 소스를 넣고 볶은 다음 깻잎채와 베이컨, 달걀후라이를 얹어 내면 더 맛있어요.
- 청양고추 장아찌를 2개 정도 다져 올리면 더욱 깔끔하게 드실 수 있어요.

기본재료 스팸 ½캔(100g), 비엔나소시지 10개, 베이컨 3장, 대파 30g
[김치 80g, 두부 80g]
육수재료 쌀뜨물 1.5컵, 멸치육수 1컵
양념재료 고춧가루 1, 고추장 0.5, 국간장 0.5, 다진 마늘 0.5, 물 1.5, 참기름 0.3

부대찌개

1 스팸은 도톰하게 썰고, 비엔나소시지는 어슷하게 2등분하고, 베이컨은 굵게 썬다.
  대파는 1cm 두께로 송송 썰고, 두부는 1cm 길이로 깍둑썬다.
2 냄비에 참기름 약간을 두르고 김치를 넣어 볶는다.
3 볶은 김치를 한쪽으로 밀어두고 나머지 재료를 돌려 담은 뒤 육수를 붓는다.
4 양념장을 ⅔ 정도 올리고 센불로 끓인다. 간을 보고 싱거우면 양념장을 추가한다.

• 육수는 물보다 쌀뜨물이 좋아요. 쌀 씻을 때 나온 전분이 국물에 농도를 줘서 진하고 깊은 맛이 나거든요. 멸치육수가 있으면 섞어 사용하고, 없으면 쌀뜨물만 2.5컵 넣으세요. 시판 곰탕국물을 사용하면 입에 쩍쩍 달라붙는 맛을 낼 수 있어요.

기본재료 삼겹살 150g, 감자 100g, 대파 50g,
다진 마늘 1, 참기름 1, 멸치육수 3컵 [두부 100g]
양념재료 고추장 2, 국간장 0.3, 고춧가루 1.5

삼겹살 고추장 찌개

1 감자, 두부는 1cm 크기로 깍둑썰고, 대파는 송송 썬다. 삼겹살은 1cm 간격으로 두툼하게 썬다.

2 냄비에 참기름을 두르고 다진 마늘과 돼지고기를 넣어 볶다가 고기가 회색빛이 돌게 익으면 감자를 넣고 노릇하게 볶는다.

3 육수를 붓고 양념장을 넣어 국물이 ⅔ 정도로 줄어들도록 끓인다.

4 두부와 대파를 넣고 1분 정도 더 끓인다.

- 삼겹살은 바비큐용 두꺼운 삼겹살을 사용하는 것이 씹는 맛이 좋아요.
- 캠핑장 등 야외에서 만들 땐 구운 삼겹살을 넣어도 좋아요.
- 기호에 따라 청양고추를 송송 썰어 넣으면 더 맵고 칼칼하게 드실 수 있어요.

기본재료 묵은지 500g, **삼겹살** 300g, **대파** 30g, 물 또는 육수 1컵
양념재료 고춧가루 1, 설탕 0.3, 다진 마늘 0.5, 참기름 1 [김칫국물 1.4컵]

삼겹살 김치찜

1 삼겹살은 두께 2cm 정도의 덩어리를 구입해서 큼직큼직하게 썬다.

2 묵은지는 먹기 편하도록 반으로 자른다.

3 바닥이 두꺼운 냄비에 삼겹살과 양념재료를 넣어 조물조물 무친 후 펼쳐 깔고 묵은지를 올린 뒤 붓는다.

4 센불로 5분, 중불로 15분간 끓인 다음 어슷 썬 대파를 넣고 불을 끈다.

- 묵은지는 집집마다 짠맛, 신맛의 정도가 달라 간 조절이 필요해요.
  신맛이 강하다면 설탕을 넉넉히 넣거나 된장을 약간 넣어 신맛을 줄일 수 있어요.
- 캠핑장 등 야외에서 숯불로 구운 삼겹살이나 목살을 찜에 활용해보세요.
  기름기는 빠지고 숯불 향이 배서 찜이 훨씬 맛있어져요.

기본재료 불고기용 **쇠고기** 150g, **감자** 2개(200g), 식용유 0.5 [토마토 2개(120g)]
양념재료 간장 1, 설탕 1, 시판 토마토소스 2, 물 1컵 [다시마 5x5cm]

쇠고기 감자 조림

1 감자와 토마토는 한입 크기로 자르고, 쇠고기도 먹기 좋게 썬다.
2 달군 팬에 식용유를 두르고 감자를 노릇하게 볶다가 양념재료를 넣고 끓인다.
3 양념이 끓어오르면 쇠고기를 젓가락으로 풀어가며 볶다가 종이 호일로 뚜껑을 만들어 덮고 중불로 익힌다.
4 국물이 어느 정도 졸아들고 감자가 익으면 토마토를 넣고 1분간 끓여 완성한다.

- 종이 호일이나 알루미늄 호일을 냄비 크기에 맞게 잘라 군데군데 구멍을 내서 덮어주면 수분이 날아가지 않아 찜이 맛있어져요.
- 팬에 맞는 뚜껑이 있으면 덮어서 조리해도 돼요.
- 토마토는 방울토마토를 사용해도 좋아요.

기본재료 다진 쇠고기 100g, 애호박 100g, 건표고버섯 1장 [청 · 홍고추 1개씩, 대파 10g]
밑간재료 간장 0.5, 참기름 0.5, 후추 약간
양념재료 된장 3, 고추장 0.5, 꿀 1, 표고버섯 불린 물 1컵

쇠고기 강된장

1 다진 쇠고기는 밑간재료를 넣고 골고루 잘 섞는다.
2 애호박은 0.5cm 크기로 깍둑썰고, 건표고버섯은 미지근한 물에 불려 기둥을 제거하고
  애호박과 같은 크기로 썬다. 대파는 길게 2등분한 뒤 송송 썰고, 청 · 홍고추도 송송 썬다.
  (표고버섯 불린 물은 버리지 않는다)
3 냄비에 밑간한 고기와 표고버섯 불린 물 1큰술을 넣어 젓가락으로 고기를 풀어가며
  중불로 익히고, 애호박과 표고버섯을 넣어 함께 볶는다.
4 양념재료를 넣어 중불로 자작하게 조린 뒤 대파와 청 · 홍고추를 넣어 완성한다.

- 생표고버섯을 사용할 경우 표고버섯 불린 물 대신 동량의 멸치육수나 물로 대체하세요.
- 여러 가지 채소 손질이 귀찮을 땐 시판 볶음밥용 손질 채소를 사용하면 편해요.

기본재료 무 70g, **쇠고기 국거리** 80g, **대파** 15g,
참기름 0.5, 멸치육수 3컵, 소금 약간
밑간재료 국간장 0.5, 참기름 0.3, 다진 마늘 0.3

쇠고기 무국

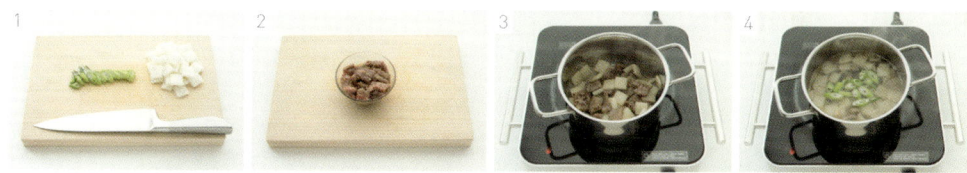

1 무는 사방 2cm 크기로 나박썰고, 대파는 어슷썬다.
2 쇠고기는 키친타올로 눌러 핏물을 제거하고 밑간재료로 양념한다.
3 달군 냄비에 참기름을 두르고 무를 넣어 볶다가 양념한 쇠고기를 넣고 볶는다.
4 멸치육수를 붓고 센불로 5분, 중불로 5분 끓인 뒤 대파를 넣고 부족한 간은 소금으로 맞춘다.

- 멸치육수가 없다면 물 3컵과 다시마(10x10cm)로 대체하고, 다시마는 대파를 넣기 직전에 건져내세요.
- 3번 과정에서 고춧가루(1)를 첨가하면 얼큰해져요. 콩나물을 한 줌 넣어도 맛있어요.

기본재료 건미역 12g(불린 미역100g), 쇠고기 국거리(양지) 100g,
참기름 1, 육수 4컵, 국간장 0.5~1
밑간재료 국간장 1, 다진 마늘 0.3, 참기름 0.5

쇠고기 미역국

1 건미역은 물4컵을 붓고 5~10분 정도 불린다.

2 불린 미역은 물기를 꼭 짠 뒤 듬성듬성 썰고, 쇠고기는 밑간재료로 양념한다.

3 냄비에 양념한 고기를 넣고 중불로 볶다가 고기가 반쯤 익으면 미역과 참기름을 넣고 2분간 볶는다.

4 쇠고기육수를 붓고 중불로 10분간 끓이고, 부족한 간은 국간장으로 맞춘다.

- 담백하고 깔끔한 맛을 좋아한다면 멸치육수를, 깊고 진한 맛을 좋아한다면 쇠고기육수를 사용하세요.
- 육수를 붓기 전에 미역과 쇠고기를 충분히 볶아야 국이 맛있어요.

기본재료 다진 쇠고기 100g, 고추장 8, 꿀 1.5, 물 4
양념재료 간장 1, 설탕 0.5, 다진 마늘 0.3, 참기름 0.3

쇠고기 볶음 고추장

1 다진 쇠고기는 양념재료로 양념한다.
2 팬에 양념한 고기를 올려 젓가락으로 고기를 풀어가며 약불로 볶다가 중불로 고기를 완전히 익힌다.
3 고기가 익으면 고추장과 물을 넣고 잘 저어가며 볶는다.
4 꿀을 넣고 잘 섞은 다음 불을 끈다.

- 다진 고기를 볶을 때 달군 팬에 바로 넣고 볶으면 고기가 뭉쳐서 풀기 힘들어요. 팬을 달구지 않은 상태에서 양념한 다진 고기를 올리고 물을 0.5큰술 넣은 다음 중약불로 볶거나, 물 없이 약불에서 젓가락으로 고기를 풀어가며 서서히 볶으면 뭉치지 않고 보슬보슬해져요.
- 쇠고기 볶음 고추장은 채소 쌈의 쌈장 대용으로, 비빔밥 고추장 대용으로, 떡볶이 양념으로 활용하면 좋아요.

기본재료 밥 2공기, **다진 쇠고기** 100g, **오이** 60g,
소금 0.3, 간장 0.3, 식용유 0.5
양념재료 간장 1, 설탕 0.5, 다진 마늘 0.3, 참기름 0.3

쇠고기 오이 볶음밥

1 다진 쇠고기는 양념재료로 버무린다.

2 오이는 길게 반으로 자른 뒤 반달 모양으로 썰고, 소금을 뿌려 5분간 절인 후 물기를 꼭 짠다.

3 달군 팬에 식용유를 두르고 양념한 쇠고기를 젓가락으로 풀어가며 볶다가 밥을 넣고 볶는다.

4 간장과 절인 오이를 넣어 골고루 섞이도록 볶는다.

- 볶음밥에는 찬밥을 넣어야 고슬고슬한 볶음밥을 만들 수 있어요.
- 참기름(0.5), 소금(0.3), 통깨(0.3)를 추가한 뒤 둥글게 뭉쳐서 주먹밥을 만들어도 좋아요.

기본재료 불고기용 쇠고기 100g, 우엉 90g, 식용유 1
식초물 식초 1큰술, 물 2컵
양념재료 간장 2, 청주 0.5, 미림 1, 설탕 0.5, 후추 약간

쇠고기 우엉 볶음

1 우엉은 껍질을 제거하고 필러로 얇게 깎아 식초물에 담그고, 쇠고기는 5~6등분하여 자른다.

2 우엉을 건져 물기를 제거하고, 달군 팬에 식용유를 둘러 센불로 2분간 볶는다.

3 쇠고기와 양념재료를 넣고 중불로 줄여 쇠고기가 뭉치지 않도록 젓가락으로 풀어가며 볶는다.

4 우엉과 쇠고기에 간이 잘 배고 양념이 타지 않도록 뒤적이며 4~5분간 볶는다.

- 우엉은 껍질을 벗기면 색이 변하기 때문에 식초물이나 쌀뜨물에 담가 변색을 방지해요.
- 기름기가 많지 않은 쇠고기를 사용하면 식어도 하얀 기름이 생기지 않아 도시락 반찬으로도 좋아요.

기본재료 쇠고기 홍두깨살 200g, 마늘 5알, 다시마 1장 [통후추 5알]
양념재료 물 1.5컵, 간장 2, 올리고당 1, 청주 2

쇠고기 장조림

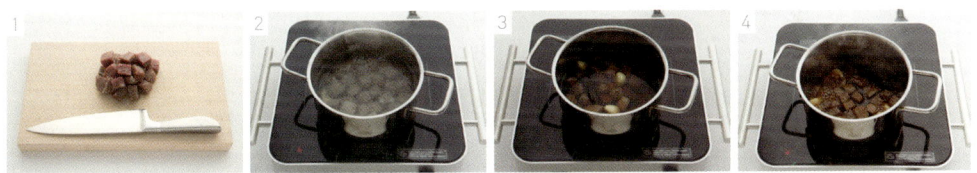

1 쇠고기는 키친타올로 눌러 핏물을 제거한 뒤 2cm 크기로 깍둑썬다.

2 쇠고기를 끓는 물에 넣고 30초 정도 삶아 건져낸다.

3 삶은 쇠고기, 마늘, 통후추, 다시마를 냄비에 넣고 양념재료와 함께 중불로 끓인다.

4 국물이 ⅓ 정도로 졸아들면 불을 끈다.

- 쇠고기를 잘라서 조리면 모양도 예쁘고 조리 시간을 절약할 수 있어요. 통으로 조려 결대로 찢어 먹는 장조림과는 색다른 느낌으로 드실 수 있어요.
- 장아찌와 볶은 채소를 곁들여 비벼 먹어도 맛있어요.

기본재료 차돌박이 300g, **영양부추** 80g
고기양념 간장 1.5, 청주 0.3, 다진 마늘 0.5, 설탕 0.5, 후추 약간
겉절이양념 고춧가루 0.5, 멸치액젓 0.5, 참기름 1 [깨소금 약간]

차돌박이 양념구이와 부추 겉절이

1 고기양념을 볼에 모두 섞고 차돌박이를 넣어 버무린다.

2 영양부추는 4cm 길이로 썬다.

3 썰어둔 영양부추를 겉절이 양념에 가볍게 무친다.

4 달군 팬에 양념한 차돌박이를 굽는다.

• 고기양념을 할 때는 먼저 양념장 재료를 잘 섞은 다음 고기를 버무려야 양념이 골고루 배어들어요.
• 멸치액젓이 없으면 까나리액젓 또는 국간장으로 대체하세요.

기본재료 차돌박이 150g, 청국장 150g, 두부 60g, 대파 15g, 다진 마늘 0.5, 물 2컵, 소금 약간 [고춧가루 0.5]

차돌박이 청국장찌개

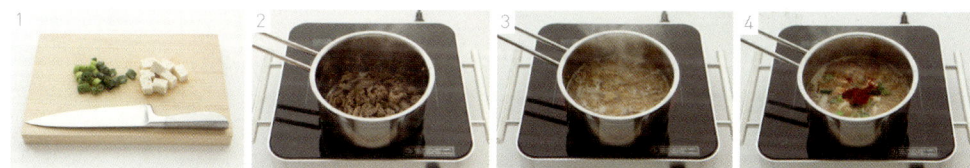

1 두부는 2cm 크기로 깍둑썰고, 대파는 송송 썬다.

2 먹기 좋게 자른 차돌박이와 다진 마늘을 냄비에 넣고 볶는다. 차돌박이 기름은 키친타올로 닦아내고 1큰술 정도만 남긴다.

3 2에 물과 청국장을 넣고 청국장을 잘 풀어주며 끓인다.

4 청국장이 바글바글 끓으면 두부과 대파를 넣고 간을 보아 부족한 간은 소금으로 맞추고 고춧가루를 넣는다.

- 기호에 따라 김치를 송송 썰어 넣어도 맛있고, 두부는 찌개용 두부보다 연두부를 넣으면 더 부드러워요.
- 2번 과정에서 기름을 어느 정도 제거하지 않으면 청국장이 식었을 때 하얗게 기름이 껴요.

기본재료 닭날개 20개(500g), 튀김가루 5, 후추 0.3
밑간재료 마요네즈 2.5, 후추 0.5, 간장 1, 다진 마늘 0.5

후추 치킨

1 닭날개는 흐르는 물에 깨끗이 씻은 뒤 체에 밭쳐 물기를 제거한다.
2 밑간재료를 잘 섞고 닭날개를 넣어 10분간 재운다.
3 재운 닭날개를 비닐백에 담고 튀김가루와 후추를 넣고 흔들어 튀김옷을 골고루 입힌다.
4 170℃로 달군 기름에 노릇하게 튀긴다.

- 밑간양념을 버무린 닭날개는 하룻밤 정도 재우면 맛이 더 좋아요.
- 마요네즈는 올리브유로 대체해도 좋아요. 튀김가루가 없으면 전분이나 밀가루로 대체하세요.
- 오븐에 조리할 경우 180℃로 예열하여 18분간 조리하세요.
- 튀김가루나 전분을 묻히고 3분 정도 두었다 튀기면 바로 튀기는 것보다 바삭해요.

해산물 /33

갈치 조림 · 건새우 마늘종 볶음 · 건새우 무국 · 골뱅이 매운탕 · 골뱅이 비빔당면 · 굴국밥 · 굴 시금치 볶음 · 김자반 · 김조림 · 꼬막 무침 · 꽁치 마늘 구이 · 꽁치 생강 조림 · 낙지 무국 · 매콤 홍합찜 · 멸치 견과류 볶음 · 명란젓 두부 찌개 · 미역줄기 볶음 · 바지락 순두부찜 · 오징어 볶음 · 우렁 된장찌개 · 잔멸치 주먹밥 · 쥐포 조림 · 진미채 튀김 · 참치마요 덮밥 · 코다리 콩나물찜 · 통오징어 버터구이 · 해물 간장 볶음밥 · 해물 덮밥 · 해물 순두부 찌개 · 해장 북엇국 · 홍합탕 · 홍합 토마토찜 · 참치 샌드위치

기본재료 **갈치** 200g(5토막), **무** 100g, **대파** 30g
양념재료 간장 3, 고춧가루 1.5, 다진 마늘 1, 맛술 2

갈치 조림

1 갈치는 칼을 세운 채 칼날로 은색 비늘을 대강 긁어 제거한다.
2 무는 1cm 두께로 썰어 적당한 크기로 자르고, 대파는 어슷하게 썬다.
3 냄비에 무를 깔고 갈치를 올린 후 양념장의 ⅔ 분량을 끼얹고, 물 ½ 컵을 부어
 뚜껑을 덮은 채로 센불로 3분 정도 바글바글 끓인다.
4 여분의 양념장과 대파를 넣고 약불로 줄인 뒤 양념을 끼얹으며 자작하게 조린다.

- 처음에는 뚜껑을 덮은 채 센불로 바글바글 끓여야 비린내가 덜 나요.
- 멸치육수나 다시마육수가 있으면 물 대신 육수를 넣으면 더 깊은 맛이 나요.

기본재료 건새우 12g, **마늘종** 90g, 다진 마늘 0.5, 식용유 약간
양념재료 고추장 1.5, 간장 0.5, 올리고당 1, 맛술 0.5

건새우 마늘종 볶음

1 마늘종은 깨끗이 씻어 물기를 제거하고 4cm 길이로 썬다.

2 팬에 마늘종과 물(3)을 넣어 중불로 볶고 접시에 덜어둔다.

3 팬에 식용유를 두르고 다진 마늘을 볶다가 건새우를 넣고 볶는다.

4 마늘종과 양념장을 넣고 약불로 줄여 촉촉하도록 볶는다.

- 양념장은 분량의 재료들을 섞어 미리 만들고, 팬에 넣을 때는 잠시 불을 끄거나 아주 약하게 줄인 다음 넣어야 타지 않아요.
- 건새우는 물에 잠시 불렸다가 볶으면 너무 딱딱하지 않고 부드럽게 드실 수 있어요.

기본재료 건새우 15g, 무 80g, 대파 15g,
참기름 1, 멸치육수 3컵, 소금 약간

건새우 무국

1 무는 2cm 길이로 나박썰고, 대파는 송송 썬다.

2 마른 냄비에 새우를 넣고 약불로 30초간 볶다가 무와 참기름을 넣고 1분간 볶는다.

3 멸치육수를 붓고 센불로 끓이고, 국물이 끓어오르면 3분간 더 끓인다.

4 대파를 넣고 소금으로 간을 맞춘다.

- 2번 과정에서 무를 먼저 넣고, 무 위로 참기름을 두르세요.
- 멸치육수가 없으면 동량의 물과 다시마(5×5cm)를 넣어 끓이세요.
- 두절새우를 사용하면 마른 냄비에 새우를 볶는 과정을 생략해도 좋으나,
  보리새우처럼 머리가 달린 새우를 사용할 경우 미리 볶아야 비린내를 잡을 수 있어요.

기본재료 골뱅이 통조림 1캔(115g), 콩나물 70g, 해감 조개 100g, 대파 40g, 물 2.5컵 [미더덕 50g, 다시마 5x5cm]
양념재료 고춧가루 1.5, 멸치액젓 1, 청주 1, 다진 마늘 0.5, 통조림 국물 2

골뱅이 매운탕

1 물 2.5컵에 다시마를 10분 이상 담가두고, 양념재료를 섞어 양념장을 만든다.
2 골뱅이는 먹기 좋은 크기로 썰고, 대파는 어슷썬다.
3 냄비에 재료를 모두 담고 다시마 담가둔 물을 부은 후 양념장을 ¾ 정도 넣는다.
4 센불로 바글바글 끓인다. 부족한 간은 남은 나머지 양념장을 넣어 맞춘다.

- 멸치육수 혹은 다시마육수가 있으면 물 대신 사용하면 좋아요.
- 해감 조개는 바지락, 모시조개, 생합 등 구하기 쉬운 것을 사용하세요.
- 가스레인지에서 센불로 끓인 후 상에서 끓이면서 먹으면 국물이 진해져 맛이 더 좋아요.

기본재료 골뱅이 통조림 1캔, 당면 80g, 대파 40g [양파 30g]
양념재료 고추장 3, 식초 2, 설탕 1.5, 간장 0.5 [다진 마늘 0.3]
당면양념 간장 0.5, 참기름 1 [후추 약간]

골뱅이 비빔 당면

1 당면은 끓는 물에 6~7분 삶아 찬물에 여러 번 헹구고 체에 밭쳐 물기를 제거한 다음
  당면 양념재료를 넣고 버무린다.
2 양파는 얇게 채 썰고, 대파는 7cm 길이로 잘라 채 썬 뒤 찬물에 양파와 함께 담가
  두었다가 체에 밭쳐 물기를 제거한다.
3 분량의 양념재료를 섞어 양념장을 만든다.
4 양념한 당면을 그릇에 담고 양파와 대파를 올린 다음 골뱅이를 얹고 양념장은 따로 낸다.

- 당면은 삶은 후 밑간을 약간 해줘야 간이 잘 배어 맛이 좋아요.
- 양념장은 미리 만들어 냉장고에서 숙성하면 더 맛이 좋아요. 번거로울 땐 시판 초고추장을 사용해도 좋습니다.

기본재료 굴 200g, 무 50g, **쪽파** 1대, 멸치육수 4컵

 # 굴국밥

1 무는 2cm 길이로 나박썰고, 쪽파는 3cm 길이로 썬다.

2 냄비에 멸치육수와 무를 넣고 5분간 끓인다.

3 끓는 육수에 깨끗하게 씻은 굴을 넣고 끓인다. 떠오르는 거품은 걷어낸다.

4 굴이 익으면 쪽파를 넣고 2분간 팔팔 끓인 후 따뜻한 밥 위에 붓는다.

• 굴이 싱싱하면 다른 재료가 많이 들어가지 않아도 국물이 시원하고 맛있어요. 육수도 굴도 짠맛이 있어 따로 간을 하지 않지만, 기호에 따라 새우젓으로 간하면 좋아요.

기본재료 굴 150g, **시금치** 150g, 양파 40g,
다진 마늘 0.3, 버터 5g [홍고추 1개]

굴 시금치 볶음

1 시금치는 뿌리를 잘라 깨끗하게 씻고, 굴은 소금물에 넣고 흔들어 씻어 물기를 제거한다.

2 양파와 홍고추는 굵게 다진다.

3 팬에 버터를 녹이고 양파와 굴을 넣어 볶는다.

4 굴이 익으면 시금치와 홍고추를 넣고 재빨리 볶는다.

- 시금치는 너무 오래 볶지 말고 숨이 죽을 정도로 볶고 불을 끄세요.
- 가염버터로 볶을 경우 따로 소금간을 안 해도 간이 맞아요. 무염버터를 쓸 경우엔 기호에 따라 소금으로 간하세요.

 **기본재료** 돌자반 김 20 g, 들기름 1, 참기름 0.5, 설탕 0.3, 소금 0.3, 올리고당 1, 통깨 0.5

 김자반

1 자반 김은 먹기 좋게 손으로 뜯는다.

2 뜯은 자반 김을 팬에 넣고 들기름과 참기름으로 무친다.

3 설탕과 소금을 뿌리고 타지 않고 바삭하도록 중약불로 볶는다.

4 가장 약한 불로 줄이고 올리고당과 통깨를 넣어 골고루 섞는다.

- 묵어서 눅눅해진 자반 김을 이용해도 좋아요.
- 기름은 들기름 혹은 참기름 중 한 가지만 사용해도 좋아요.
- 완성 후에는 지퍼백이나 밀폐용기에 담아 보관하세요.
- 주먹밥 만들 때 잘게 부숴 넣어도 좋아요.

기본재료 돌자반 김 20g, 깨소금 0.5
양념재료 간장 4, 맛술 4, 올리고당 3, 물 ½컵

 # 김조림

1 자반 김은 손으로 잘게 뜯는다.

2 냄비에 양념재료를 넣고 섞어 중불로 끓인다.

3 양념장이 끓어오르면 약불로 줄이고 잘게 뜯은 김을 젓가락으로 풀어가며 조린다.

4 김이 부드럽게 조려지면 깨소금을 넣고 불을 끈다. 기호에 따라 참기름을 약간 넣어도 좋다.

- 묵은 김밥 김을 이용해서 만들어도 좋아요. 팬에 김을 바싹 구워 비닐백에 넣고 잘게 부숴 양념장으로 조리세요. 김밥 김을 이용하면 쫄깃한 김조림이 돼요.
- 달걀 유부국이나 달걀 파국을 끓일 때 마지막에 김조림을 약간 넣으면 전혀 다른 맛이 돼요.

기본재료 꼬막(껍질 포함) 500g, **청주** 1
양념재료 간장 2, 고춧가루 0.5, 설탕 0.3, 참기름 0.3 [다진 파 1 또는 달래 1줄기]

꼬막 무침

1 꼬막이 서로 마찰하면서 껍질의 불순물이 제거되도록 박박 문질러 깨끗이 씻는다.

2 끓는 물에 청주를 넣고 꼬막을 한 방향으로 저으며 3분간 삶아 체로 건져낸다.

3 삶은 꼬막의 한쪽 껍질을 떼어낸다.

4 양념장을 만들어 꼬막 살 위에 조금씩 얹거나 꼬막 살만 발라 양념장에 무친다.

- 물 5컵에 굵은 소금(2)을 녹여 꼬막을 넣고 2~3시간 해감해주세요.
- 꼬막은 조개와 달리 익어도 입을 벌리지 않는 것들이 있어요. 전부 입을 벌릴 때까지 삶으면 질겨져 맛이 없으니 3분간 삶고 불을 끈 후 뚜껑을 덮은 채 2분간 두세요.
- 꼬막 자체로도 짭짤하니 양념장은 한꺼번에 넣지 말고 조금씩 기호에 따라 조절하세요.

기본재료 **꽁치** 2마리, 굵은 소금 0.3 [마늘 2알, 레몬 ½개]
양념재료 [간장 1, 식초 0.5, 물 1]

꽁치 마늘 구이

1 꽁치는 칼을 세워 꼬리에서 머리 쪽으로 비늘을 긁어내고, 배에 칼집을 넣어 내장을 제거한 후 흐르는 물에 깨끗하게 씻는다.
2 칼을 세워 몸통에 비스듬하게 칼집을 넣고, 얇게 편썰기 한 마늘을 칼집 사이에 끼운다.
3 오븐 팬에 종이 호일을 깐 뒤 그릴에 꽁치를 올리고, 굵은 소금을 뿌려 그릴 기능으로 12분간 굽는다.
4 양념장, 레몬과 함께 낸다.

- 손질 꽁치를 구입한 경우 깨끗한 물에 헹궈서 조리하세요. 쌀뜨물에 10분 정도 담가두면 비린내를 많이 줄일 수 있어요.
- 레몬은 꽁치에 뿌려도 좋고, 양념장에 뿌려도 좋아요.

기본재료 꽁치 통조림 1캔, 생강 25g, 마늘 3알, 대파 60g
양념재료 간장 2.5, 청주 2, 올리고당 1.5, 물 ½컵, 통조림 국물 2

꽁치 생강 조림

1 생강과 마늘은 얇게 채 썬다.

2 양념재료를 섞어 양념장을 만든다.

3 냄비에 꽁치를 깔고 채 썬 생강과 마늘을 얹은 다음 양념장의 ⅓을 붓고, 뚜껑을 덮은 채 센불로 끓인다.

4 양념이 끓어오르면 중약불로 줄인 뒤 5cm 길이로 자른 대파와 남은 양념장을 넣고 양념을 끼얹어가며 자작하게 조린다.

- 통조림 꽁치를 이용하면 조리 시간도 절약하고 비린내 걱정이 없어 좋아요.
- 칼칼한 맛을 원하시면 고춧가루(1)나 청양고추를 추가하세요.

 기본재료 **낙지** 2마리(약 200g), **무** 80g, **해감 조개** 4알,
대파 20g, **물** 3컵, **국간장** 0.5, **소금** 0.3, **밀가루** 0.5

낙지 무국

1 무는 연필 깎듯 어슷하게 빗겨 썰고, 대파는 어슷썬다.

2 낙지는 밀가루를 문질러 씻어 흐르는 물에 헹군 다음 머리는 2~3등분하고 다리는 8cm 길이로 자른다.

3 냄비에 물 3컵과 해감 조개, 무를 넣고 끓여 조개가 입을 벌리면 조개만 그릇에 건져 둔다.

4 자른 낙지를 넣고 끓어오르면 대파와 조개를 넣고 국간장과 소금으로 간을 맞춘다.

- 해감 조개는 바지락, 모시조개, 생합 등 구하기 쉬운 것으로 100g 정도 준비하세요.
- 미리 만들어둔 멸치육수가 있으면 물 대신 넣으세요.
- 부족한 간은 소금으로 맞추세요. 국간장을 너무 많이 넣으면 국물 색이 진해져요.
- 청양고추 한 개를 송송 썰어 넣으면 칼칼해서 좋아요.

기본재료 볶음용 중멸치 80g, **견과류**(아몬드, 호두, 캐슈넛 등) 60g, 식용유 0.5
양념재료 간장 0.5, 물 2, 설탕 2, 통깨 0.5, 참기름 0.3

멸치 견과류 볶음

1 달군 팬에 멸치와 견과류를 넣고 중불로 1분간 볶는다.
2 식용유를 추가하여 약불로 1분간 볶은 다음 체에 담고 흔들어 가루를 턴다.
3 팬에 양념재료를 넣고 중약불로 바글바글 끓인다.
4 불을 끄고 멸치와 견과류를 넣어 재빨리 섞는다.

- 식으면 바삭해져서 맥주 안주로도 좋고, 과자처럼 집어먹기에도 좋아요.
- 견과류 없이 멸치만 볶을 땐 멸치 양을 100g으로 하면 돼요.

기본재료 **명란젓** 60g, 두부 100g, 무 80g, 대파 10cm, 멸치육수 3컵

명란젓 두부찌개

1 무는 2cm 길이로 나박썰고, 대파는 어슷썬다. 두부와 명란젓은 한입 크기로 썬다.

2 냄비에 멸치육수와 무를 넣어 끓인다.

3 육수가 끓어오르면 불을 줄이고 두부와 명란젓을 넣는다.

4 명란젓이 반쯤 익으면 센불로 올린 뒤 대파를 넣고 1분 후 불을 끈다.

- 멸치육수도 약간의 간이 되어 있고 명란젓도 짠맛이 있어서 따로 간을 하지 않아도 되는데, 간이 부족하면 소금이나 새우젓으로 해주세요.
- 명란젓을 넣을 때는 불을 줄이고 넣어야 명란젓이 터져서 국물을 지저분해지는 것을 방지할 수 있어요.
- 미리 준비해둔 멸치육수가 없다면 물 3컵에 다시마(5×5cm)를 넣고 끓이세요.

 **기본재료** 염장 미역줄기 400g, 양파 40g, 당근 30g,
식용유 2, 다진 마늘 1 [맛술 0.5, 후추 약간]

미역줄기 볶음

1 염장 미역은 찬물에 빠득빠득 문질러 씻은 뒤 30분~1시간 동안 물에 담가 소금기를 뺀다.
2 소금기를 뺀 미역의 물기를 제거하고 4~5cm 길이로 자른다.
3 당근과 양파는 굵게 채 썬다.
4 팬에 식용유(1)를 두르고 다진 마늘을 넣고 볶아 향을 낸 뒤 당근과 양파를 차례로 넣어 볶는다.
5 자른 미역을 넣고 식용유(1)를 둘러 중불로 4~5분 볶고, 맛술과 후추를 넣는다. 부족한 간은
   소금이나 국간장으로 맞춘다.

| • 염장 미역은 물에 너무 오래 담가두면 소금기가 많이 빠져서 볶을 때 소금이나 국간장을 넣어 간을 맞춰야 해요.

기본재료 순두부 1봉(330g), 해감 바지락 1봉,
마늘 2알, 식용유 0.5 [잔파 2대]
양념재료 간장 3, 고춧가루 1, 맛술 2, 참기름 1.5

바지락 순두부찜

1 잔파는 송송 썰고, 마늘은 편으로 썬다.

2 냄비에 식용유를 두르고 마늘을 넣어 볶는다.

3 순두부와 깨끗이 씻은 바지락, 양념장을 넣어 뚜껑을 덮은 채 센불로 바글바글 끓인다.

4 바지락이 입을 열면 송송 썬 잔파를 뿌리고 불을 끈다.

- 물을 넣지 않아도 순두부에서 나오는 수분과 양념장으로 자작하게 조리되니 따로 물은 넣지 마세요.
- 마늘을 볶은 냄비에 순두부를 넣을 때 수분 때문에 뜨거운 기름이 튈 수 있으니 조심하세요.

기본재료 손질 오징어 1마리, **양파** 100g, **대파** 20g, 식용유 약간
양념재료 고춧가루 2, 고추장 1, 간장 2, 다진 마늘 0.5, 맛술 1, 물 2

오징어 볶음

1 양파는 굵게 채 썰고 대파는 어슷하게 썬다.

2 오징어 몸통은 0.5cm 두께의 링 모양으로 썰고, 다리는 하나씩 썰되 긴 것은 2등분한다.

3 팬에 식용유를 두르고 양파를 볶다가 오징어와 양념장을 넣어 볶는다.

4 오징어가 익으면 대파를 넣고 1분 정도 더 볶는다.

- 몸통이 납작하게 손질된 오징어를 샀다면 칼집을 넣고 적당한 크기로 잘라 조리하세요.
- 오징어를 너무 오래 볶으면 질겨져서 맛이 없어요. 센불에서 재빨리 볶아야 물이 많이 안 생기고 오징어도 탱탱하고 촉촉해서 맛있어요.

기본재료 우렁이살 50g, 주키니호박 75g, 두부 100g, 대파 20g, 밀가루 0.5 [표고버섯 1장]

양념재료 쌀뜨물 또는 멸치육수 2.5컵, 된장 2, 고추장 0.5, 다진 마늘 0.5

우렁 된장찌개

1 우렁이살은 밀가루와 물 약간을 넣어 문질러 씻은 후 맑은 물로 여러 번 헹군다.

2 주키니호박은 4등분한 뒤 1cm 두께로 썰고, 표고버섯은 4등분하고, 두부는 1cm 길이로 깍둑썰고, 대파는 1cm 두께로 송송 썬다.

3 냄비에 쌀뜨물 또는 육수를 붓고 호박과 표고버섯을 넣어 끓인다.

4 끓어오르면 우렁이살을 넣고 된장, 고추장을 푼 다음 다진 마늘을 넣어 바글바글 끓이고, 두부와 대파를 넣어 1분간 더 끓인다.

- 우렁이살은 밀가루로 문질러 씻어야 냄새가 안 나요.
- 된장찌개를 끓일 때 된장은 채소가 거의 다 익고 나서 마지막에 풀어 넣어야 맛도 영양도 살릴 수 있어요.
- 재래식 집된장은 양을 2/3정도로 줄여도 됩니다. 된장의 염도에 따라 간은 달라질 수 있으니 양을 조절하세요.

기본재료 밥 2공기, 잔멸치 35g [검은깨 1]
밥양념 소금 0.3, 참기름 1
멸치양념 간장 0.5, 올리고당 1, 맛술 0.5, 식용유 0.5

잔멸치 주먹밥

1 밥에 소금과 참기름을 넣고 잘 섞는다.

2 마른 팬에 잔멸치를 중불로 살짝 볶는다.

3 약불로 줄여 멸치양념과 검은깨를 넣고 볶는다.

4 양념한 밥에 볶은 멸치를 넣고 고루 섞어 주먹밥을 만든다.

- 주먹밥 속에 김조림을 넣거나 꼬들 단무지를 다져서 함께 넣어도 좋아요.
- 주먹밥에 간장을 살짝 발라서 팬에 노릇하게 구워도 좋아요.

기본재료 미니쥐포 100g, **청양고추** 2개
양념재료 간장 1, 올리고당 2, 물 ¼컵 [마요네즈 0.5]

쥐포 조림

1 양념재료를 미리 섞어둔다.

2 냄비에 쥐포와 물 ¼컵을 넣고 물이 1큰술 정도 남을 때까지 중불로 끓인다.

3 양념장을 넣고 약불로 줄여 잘 저어가며 촉촉하게 조린다.

4 청양고추를 썰어 넣고 한 번 뒤적여 불을 끈다.

| • 쥐포 조림은 자칫하면 딱딱해질 수 있는데, 마요네즈가 들어가면 식어도 부드러워요.

기본재료 조미 오징어 80g
튀김옷 달걀 흰자 1개분, 얼음물 4, 튀김가루 4

진미채 튀김

1 볼에 달걀 흰자를 풀고 얼음물을 섞는다.

2 튀김가루를 넣고 젓가락으로 서너 번 저어 대충 섞는다. (가루가 약간 남아 있도록)

3 조미 오징어를 넣고 가볍게 섞는다.

4 120℃ 정도로 가열된 기름에 노릇하게 튀긴다.

- 진미채가 너무 건조하거나 딱딱하면 스프레이로 물을 살짝 뿌려 촉촉하게 만든 다음 사용하세요.
- 기름 온도가 너무 높으면 금방 타버려요. 튀김옷 묻은 진미채를 하나 넣어 3초 후 떠오르는 정도면 되고, 튀기는 동안 중불 혹은 중약불로 온도를 유지하세요.

 기본재료 **밥** 2공기, **참치** 1캔, **달걀** 2개 [쪽파 2대]
소스재료 데리야끼 소스(간장 3, 맛술 3), 마요네즈

참치마요 덮밥

1 쪽파는 송송 썬다.

2 참치는 체에 밭쳐 기름을 뺀다.

3 달걀은 알끈을 제거하고 잘 풀어서 식용유를 두른 달군 팬에 붓고 재빨리 저어 스크램블을 만든다.

4 그릇에 밥, 스크램블, 참치를 담고 데리야끼 소스와 마요네즈를 뿌린 뒤 송송 썬 쪽파를 올린다.

- 데리야끼 소스는 돈가스 소스로 대체 가능해요.
- 마요네즈는 일회용 비닐백이나 지퍼백에 넣고 이쑤시개로 구멍을 낸 뒤 짜면 예쁘게 짤 수 있어요.

기본재료 코다리 1마리(360g), 콩나물 1봉(220g), 미나리 30g
양념1 고춧가루 2, 간장 3, 다진 마늘 1, 맛술 1, 물 5
양념2 물 3, 전분 0.5, 들깻가루 2

코다리 콩나물찜

1 코다리는 머리과 꼬리, 지느러미를 잘라내고 깨끗이 씻어 김이 오른 찜통에 넣어 10분간 찐다.
콩나물은 머리를 떼고 미나리는 잎을 제거하고 4cm 길이로 썬다.

2 분량의 재료를 섞어 두 가지 양념장을 만든다.

3 깨끗이 씻은 콩나물을 냄비에 넣고 양념1을 부어 센불에 볶듯이 익힌다.

4 콩나물 숨이 죽으면 미나리와 양념2를 넣고 볶아 찐 코다리 위에 얹어 낸다.

- 코다리를 토막 내서 콩나물과 함께 볶아도 좋지만, 볶는 과정에서 살이 잘 부스러져요.
코다리는 따로 찌고 그동안 콩나물을 볶으면 보기도 좋고 조리하기도 더 수월해요.

기본재료 오징어 1마리, 버터 10g [청양고추 1개]
양념재료 간장 2, 다진 마늘 0.3, 설탕 1, 청주 1.

통오징어 버터구이

1 오징어는 내장과 머리, 이빨을 제거하고 몸통과 다리 부분만 준비한다. 오징어 몸통에 1cm 간격으로 칼집을 낸다.
2 양념재료를 잘 섞은 다음 오징어를 넣고 10분간 재운다.
3 달군 팬에 버터를 녹이고 재운 오징어를 올려 센불로 앞뒤를 굽고, 중불로 줄여 여분의 양념장을 붓고 1분간 끓인다. 송송 썬 청양고추를 마지막에 넣어 칼칼함을 더한다.

- 오징어를 구입할 때 통오징어 구이용으로 손질해 달라고 하세요.
- 시간 여유가 있다면 오징어를 20~30분 정도 재우는 것이 맛이 더 좋아요.

기본재료 오징어 ½마리(100g), 새우살 6마리(90g), 양파 50g, 마늘 3알, 찬밥 2공기(420g), 식용유 2, 간장 1
밑간양념 간장 1, 미림 1, 후추 약간

 # 해물 간장 볶음밥

1 오징어는 깨끗이 씻어 물기를 제거한 뒤 다리는 잘게 썰고, 몸통은 배에 칼집을 넣어 한입 크기로 자른다. 오징어와 새우는 밑간양념에 재운다.

2 양파는 채 썰고 마늘은 편으로 썬다.

3 달군 팬에 식용유를 두르고 마늘을 노릇하게 구워 접시에 덜어 놓는다.

4 마늘을 볶은 팬에 양파를 넣고 볶다가 밑간한 오징어와 새우를 넣어 센불로 볶고, 찬밥과 간장을 넣어 볶는다. 구운 마늘은 볶음밥 완성 후 위에 얹어도 좋고 밥을 볶을 때 함께 넣어도 좋다.

- 볶음밥을 만들 때는 찬밥이 좋아요. 수분이 적어 더 고슬고슬하게 볶을 수 있거든요.
- 오징어와 새우 외에 홍합살, 조갯살, 관자 등 해물이 있으면 추가해도 좋아요.

기본재료 새우살 85g, **갑오징어** 1마리(100g), **청양고추** 1개,
다진 마늘 0.5, 식용유 0.5 [해감 조개 6마리, 팽이버섯 60g]
양념재료 간장 1.5, 맛술 0.5, 물 1컵, 전분 1

해물 덮밥

1 팽이버섯은 밑동을 제거한 뒤 가닥가닥 찢고, 청양고추는 송송 썬다.

2 갑오징어는 등 부분에 칼집을 내 뼈를 꺼내고, 껍질을 벗긴 다음 배를 갈라 내장을 뗀다. 배에
칼집을 넣어 큼직하게 썬다.

3 달군 팬에 식용유를 두르고 다진 마늘을 볶아 향을 낸 뒤 손질한 해물을 넣어 센불로 충분히 볶는다.

4 팽이버섯과 청양고추를 넣고 양념재료를 섞어 부은 다음 1~2분 끓인다. 따뜻한 밥 위에 얹어 낸다.

- 시판 냉동 해물믹스를 이용할 경우 완전히 해동 후에 조리해야 물이 많이 생기지 않아요. 해동 후 끓는
  물에 레몬즙을 한 방울 떨어뜨려 10초 정도 데쳐서 사용하고, 데친 물은 육수로 쓰세요.
- 갑오징어는 일반 생물 오징어로 대체 가능합니다.

기본재료 오징어 100g(½마리), 건새우 5g, 순두부 1봉, 대파 20g [새우살 80g(6마리)]
양념재료 고춧가루 1, 식용유 1.5, 다진 마늘 0.5, 멸치액젓 1, 멸치육수 1.5컵

해물 순두부 찌개

1 오징어는 1cm 길이로 자잘하게 썰고, 대파는 송송 썬다.
2 냄비에 건새우, 고춧가루, 식용유를 넣고 중약불로 1분간 타지 않도록 볶아 고추기름을 만든다.
3 고추기름에 오징어, 새우살, 다진 마늘, 멸치액젓을 넣고 타지 않도록 볶는다.
4 멸치육수를 붓고 바글바글 끓으면 순두부와 대파를 넣고, 국물이 다시 끓어오르면 불을 끈다.

- 고추기름을 만들 때는 중약불 혹은 약불로 조리하세요. 건새우를 함께 볶으면 맛이 우러나와서 국물 맛이 훨씬 좋아요.
- 멸치액젓 또는 까나리액젓이 없으면 동량의 국간장으로 대체 가능해요.
- 기호에 따라 달걀 1개를 추가해서 드세요.

기본재료 북어채 20g, 대파 10cm [무 70g, 두부 ¼모(50g)]
양념재료 멸치육수 3.5컵, 국간장 0.5, 다진 마늘 0.3, 참기름 1, 소금 약간

해장 북엇국

1 북어채는 멸치육수 반 컵을 부어 촉촉하게 불린 후 물기를 꼭 짜고, 길이가 긴 것은 한입 크기로 자른다. (북어 불린 멸치육수는 밑국물로 사용한다) 무는 나박썰고, 대파는 어슷썰고, 두부는 1cm 길이로 깍둑썬다.

2 달군 냄비에 참기름을 두르고 불린 북어채와 무, 다진 마늘을 넣고 중불로 볶다가 북어 불린 육수를 넣고 2분간 볶듯이 끓인다.

3 멸치육수 3.5컵을 붓고 센불로 8분간 끓이면서 거품을 걷어낸다.

4 두부와 대파를 넣고 국간장으로 간을 맞춘다. 부족한 간은 소금으로 한다.

- 콩나물이 있으면 3번 과정에서 육수와 함께 넣어주세요.
- 멸치육수를 쌀뜨물로 내서 사용하면 훨씬 더 깊고 구수한 북엇국을 만들 수 있어요.

기본재료 피홍합 300g, **청양고추** 2개,
식용유 1, 다진 마늘 1, 청주 1, 고춧가루 1.5, 간장 1

매콤 홍합찜

1 홍합은 껍질 밖으로 나온 족사를 껍질이 넓은 쪽으로 당겨 제거하고, 깨끗한 물에 여러 번 헹궈 체에 밭친다.
2 달군 팬에 식용유를 두르고 다진 마늘과 송송 썬 청양고추를 볶아 향을 낸다.
3 물기를 제거한 홍합과 청주를 넣어 뚜껑을 덮은 채 센불로 2분간 익힌다.
4 고춧가루와 간장을 넣고 볶는다.

| • 고춧가루와 간장 대신 시판 토마토소스를 넣거나 방울토마토를 반으로 잘라 넣고 볶으면 색다른 홍합찜이 돼요.

 기본재료 **피홍합** 500g, **청양고추** 2개, 물 3컵

 홍합탕

1 홍합은 족사를 떼어내고 깨끗이 씻어 물기를 제거한다.

2 청양고추는 송송 썬다.

3 씻은 홍합을 냄비에 넣고 물을 부어 끓인다.

4 홍합이 익어 입을 벌리면 썰어둔 청양고추를 넣는다.

• 홍합 자체가 가진 짠맛이 있어 따로 간을 하지 않아도 짭쪼롬해요.

 기본재료 **피홍합** 500g, **토마토** 300g, 마늘 3알,
올리브유 3, 청주 3

홍합 토마토찜

1 홍합은 족사를 떼어내고 깨끗이 씻어 물기를 제거한다.

2 토마토는 한입 크기로 자르고, 마늘은 편으로 썬다.

3 팬에 올리브유를 두르고 마늘을 볶다가 홍합과 청주를 넣어 익힌다.

4 홍합이 입을 벌리면 토마토를 넣고 2분 정도 잘 섞으며 볶아 완성한다.

• 로즈마리, 바질 등의 허브가 있으면 함께 곁들여도 좋아요.
• 남은 국물에 빵을 찍어 먹으면 맛있어요..

기본재료 식빵 4장, 참치 1캔(150g), 통조림 옥수수 3(60g), 양파 100g, 삶은 달걀 1개

양념재료 마요네즈 3, 설탕 0.3, 레몬즙 약간

참치 샌드위치

1 참치는 체에 밭쳐 기름을 빼고 젓가락으로 잘게 부순다.

2 삶은 달걀과 양파는 잘게 다진다.

3 식빵을 제외한 모든 재료를 볼에 넣고 잘 섞는다.

4 식빵에 3을 바르고 식빵을 덮어 완성한다.

| • 기호에 따라 식빵을 앞뒤로 노릇하게 구워 만드세요.

채소 vegetable /37

가지 된장구이 · 가지 볶음 · 감자전 · 감자채 볶음 · 고사리 나물 · 구운 호박 초무침 · 김치 콩나물국 · 꽈리고추 조림 · 대파 간장구이 · 도라지 무침 · 들깨 무나물 · 마늘 볶음밥 · 마늘종 조림 · 맛타리버섯전 · 무생채 비빔밥 · 무 조림 · 무 콩나물 볶음 · 미나리전 · 배추 겉절이 · 버섯 들깻국 · 버섯 들깨 볶음 · 버섯 매운탕 · 볶은 채소 샐러드 · 생강 볶음밥 · 시금치 된장 나물 · 쑥국 · 애플슬로 · 애호박 멸치 조림 · 애호박 새우살 볶음 · 애호박전 · 오이고추 된장 무침 · 오이 냉국 · 옥수수전 · 즉석 깻잎 찜 · 즉석 파 장아찌 · 콩나물 무침 · 토마토 홍초 마리네이드

기본재료 가지 1개, 식용유 약간
양념재료 된장 1.5, 간장 2, 올리고당 1.5

🍄 가지 된장구이

1 가지는 깨끗이 씻어 길게 반으로 자른다.
2 양념재료를 섞어 양념장을 만든다.
3 팬에 식용유를 두르고 가지를 올려 절단면부터 중불로 1분, 약불로 1분 30초씩 앞뒤로 굽는다.
4 가지 절단면에 만들어 둔 양념장을 바르고 아주 약한 불로 굽거나 불을 끄고 뚜껑을 덮어
 여열로 30초간 굽는다.

- 양념장은 타기 쉬우므로 불 조절에 유의하세요.
- 가지를 둥글게 자를 경우 중불에서 앞뒤로 1분 30초씩 굽고, 한쪽 면에 소스를 바른 후
 불을 끄고 뒤집어 30초 정도만 놔두세요.

기본재료 가지 2개(약 270g), 식용유 1.5
양념재료 간장 2, 설탕 0.5, 물 1

가지 볶음

1 가지는 깨끗이 씻어 꼭지를 제거하고 4cm 길이로 잘라 4~6등분한다.

2 달군 팬에 식용유를 두르고 가지를 중약불로 노릇하게 볶는다.

3 잠시 불을 끄고 팬 가장자리로 양념장을 흘려 넣는다.

4 불을 약불로 켜고 가지에 양념이 잘 배도록 고루 섞으며 볶는다.

- 가지는 센불에 볶으면 껍질 색이 변해요. 중약불 혹은 약불로 천천히 볶아주세요. 그리고 식용유의 양은 2큰술을 넘기지 않는 것이 좋아요. 가지는 기름 흡수율이 매우 좋거든요.
- 가지 볶음은 가지가 너무 푹 익어서 흐물흐물하면 맛이 없어요. 부드럽다기보다 탱글한 식감이면 성공입니다.

기본재료 감자 4개(약 500g), 양파 40g [청·홍고추 ½개씩], 전분 1, 소금 0.3, 식용유 약간

감자전

1 감자는 껍질을 벗기고 깨끗이 씻어 양파와 함께 곱게 갈아 체에 밭친다.

2 감자즙은 5분 정도 그대로 두어 전분이 바닥에 가라앉으면 윗물을 따라낸다.

3 감자 앙금에 **1**과 전분, 소금을 넣어 반죽을 만든다.

4 달군 팬에 기름을 두르고 반죽을 둥글게 떠 올린다. 송송 썬 청·홍고추를 올린 뒤 앞뒤로 노릇하게 지진다.

- 감자를 강판에 갈 때 양파를 함께 갈면 갈변을 어느 정도 막을 수 있어요.
- 소금은 앙금과 감자를 섞을 때 넣어요. 미리 넣으면 감자가 삭아서 전이 맛이 없어요.

기본재료 감자 2개(약 280g), 소금 0.3,
식용유 1.5 [잔파 2대, 홍고추 1개]
감자 담금물 소금 0.5, 물 1.5컵

🍄 감자채 볶음

1 감자는 껍질을 벗겨 0.5cm 두께로 채 썰고, 홍고추는 4cm 길이로 채 썰고, 잔파도 같은 길이로 자른다.

2 채 썬 감자는 담금물에 5분 정도 담가둔다.

3 감자를 찬물에 헹궈 체에 받쳐 물기를 제거한다.

4 팬에 식용유를 두르고 물기를 제거한 감자를 넣어 중불로 볶고, 감자가 익으면 홍고추와 잔파를 넣고 소금으로 간한다.

- 감자를 소금물에 담가두면 소금에 의해 간이 배면서 전분이 빠져, 볶는 동안 팬에 들러붙거나 부서지지 않아요.
- 감자를 볶을 때 물을 조금씩 넣어 볶으면 감자가 더 잘 익어요.

기본재료 불린 고사리 200g, 육수 또는 물 7, 후추 약간
양념재료 국간장 1, 양조간장 1, 다진 마늘 0.3, 참기름 1

고사리 나물

1 불린 고사리는 흐르는 물에 여러 번 씻어 체에 밭쳐 물기를 제거한다.

2 고사리를 가지런히 정리하고 4~5cm 길이로 자른다.

3 자른 고사리에 국간장, 양조간장, 다진 마늘, 참기름을 넣고 버무린다.

4 팬에 양념한 고사리를 넣고 중불로 3분 정도 볶다가 육수를 넣고 약불로 줄여 뚜껑을 덮은 채 끓인다. 고사리가 고루 익도록 가끔 위아래를 뒤집고 마지막에 후추를 약간 뿌려 섞는다.

- 육수는 멸치, 쇠고기, 다시마 중 어느 것을 사용해도 좋고, 육수가 없으면 물을 넣으세요.
- 고사리 들깨 나물을 만들 때는 육수를 10큰술 넣어 뚜껑을 덮은 채 약불로 5분 가량 끓인 후 들깻가루를 3큰술 넣어 잘 섞고 마지막에 들기름(0.5)을 둘러요.

기본재료 애호박 ½개, 양파 30g, 식용유 약간
양념재료 간장 1, 식초 0.5, 설탕 0.3, 다진 마늘 0.3

🍄 구운 호박 초무침

1 애호박은 0.5cm 두께로 썰고, 양파는 얇게 채 썬다.
2 양념재료를 섞어 양념장을 만든다.
3 달군 팬에 식용유를 약간 두르고 애호박을 노릇하게 굽는다.
4 구운 애호박과 양파를 볼에 넣고 양념장을 끼얹어 가볍게 섞는다.

• 호박을 얇게 썰어 굽고 양파와 함께 자연스럽게 접시에 담아 양념장을 따로 내면 좀 더 예쁘게 상차림을 완성할 수 있어요.

기본재료 익은 김치 또는 묵은지 100g, **콩나물** 100g, **대파** 10cm, 멸치육수 3컵, 참기름 0.3

김치 콩나물국

1 콩나물은 깨끗한 물에 헹궈 씻고 체에 밭쳐 물기를 제거한다.

2 김치는 잘게 썰고, 대파는 송송 썬다.

3 냄비에 참기름을 두르고 김치를 볶다가 멸치육수를 붓고 끓인다.

4 육수가 바글바글 끓으면 콩나물을 넣고 5분 정도 끓인 후 대파를 넣고, 부족한 간은 김칫국물이나 소금으로 맞춘다.

• 미리 준비된 육수가 없으면 물 3컵에 다시마(5x5cm), 국물용 멸치 6~7마리를 넣고 끓여 다시마와 멸치는 건져낸 뒤 김치와 콩나물을 넣고 끓이세요.

기본재료 꽈리고추 200g, 마늘 4알, 식용유 0.5
양념재료 간장 2, 설탕 1, 올리고당 1, 참기름 0.3, 후추 약간

꽈리고추 조림

1 꽈리고추는 꼭지를 따고 깨끗이 씻어 포크나 이쑤시개로 찔러 구멍을 내고 큰 것은 2등분한다. 마늘은 편으로 썬다.

2 양념재료를 섞어 양념장을 만든다.

3 팬에 식용유를 두르고 마늘을 노릇하게 볶다가 꽈리고추를 넣고 중불로 1분간 볶는다.

4 양념장을 붓고 약불로 조린다.

- 멸치를 넣어 조릴 때는 머리와 내장을 제거한 다음 마른 팬에 가볍게 볶아서 사용하면 비린내도 없어지고 짠맛도 덜 해요.
- 꽈리고추는 약간 아삭한 상태가 되도록 조리세요. 너무 많이 조려서 부드러워졌다면 양념과 함께 밥 위에 얹어 비벼 먹으면 맛있어요.

기본재료 대파 40cm(50g), 산적 꼬치 3~4개 [단단한 두부 100g]
양념재료 간장 2, 맛술 1, 설탕 0.5, 후추 약간

대파 간장구이

1 두부는 키친타올로 두들겨 물기를 제거하고 1cm 두께로 썬다. 대파는 두부 너비와 같은 길이로 썬다.

2 산적 꼬치에 대파-두부-대파-두부-대파 순서로 꿴다.

3 팬에 대파 두부 꼬치를 앞뒤로 노릇하게 굽는다.

4 불을 끄고 양념장을 흘려 넣은 후 다시 불을 켜 중불로 재빨리 굽는다.

- 양념장을 오래 구우면 양념이 타고 끈적해지니 앞뒤로 한 번씩만 뒤집어 굽고, 남은 양념장은 접시에 담아 한 번 더 살짝 바르세요.
- 산적 꼬치가 없을 땐 이쑤시개를 이용하거나 꼬치 없이 조림처럼 만들어 반찬으로 활용해도 좋아요.

기본재료 도라지 150g, 고춧가루 0.8, 고추장 0.8
절임물 식초 3, 설탕 2.5, 소금 0.5, 물 6

도라지 무침

1 도라지는 굵은 것은 윗부분에 칼집을 내서 반으로 가르고, 길이가 긴 것은 5~6cm 정도로 잘라 물에 헹군다.
2 볼에 절임물 재료를 섞고 손질한 도라지를 넣어 바락바락 문지른 뒤 절임물에 그대로 담가 10분간 둔다.
3 절인 도라지는 체에 밭치고, 절임물은 버리지 않고 둔다.
4 절인 도라지에 고춧가루를 넣고 버무려 색을 낸 뒤 고추장과 절임물(2)을 넣어 무친다.

- 도라지는 얇게 손질하면 빨리 절여지고 맛도 잘 배요.
- 도라지는 바락바락 문질러 씻어야 쓴맛이 어느 정도 제거돼요.

기본재료 무 300g, **들깻가루** 1 [잔파 2대],
참기름 1, 다진 마늘 0.5, 소금 0.3, 멸치액젓 0.3, 물 ⅓컵

들깨 무나물

1 무는 0.5cm 두께로 채 썰고, 잔파는 송송 썬다.

2 냄비에 참기름을 두르고 무를 중불로 볶다가 다진 마늘을 넣고 무가 부서지지 않도록 볶는다.

3 물과 소금, 멸치액젓을 넣고 뚜껑을 덮어 약한 불로 3분 정도 익힌다.

4 무가 다 익었으면 불을 끄고 들깻가루, 잔파를 넣고 고루 섞는다.

- 들깻가루만 생략하면 깔끔한 무나물 볶음이 돼요.
- 무는 너무 얇게 썰면 볶으면서 다 부서져요.
- 물 대신 멸치육수를 넣으면 더 맛이 좋아요.

기본재료 불고기용 쇠고기 또는 다진 쇠고기 60g, 달걀 1개, 마늘 5알, 밥 2공기, 식용유 3 [쪽파 1대]
양념재료 간장 1, 설탕 0.5, 다진 마늘 0.5, 후추 약간

마늘 볶음밥

1 마늘은 편으로 썰고, 쪽파는 송송 썰고, 쇠고기는 잘게 썰어 양념재료로 밑간한다.
2 달걀은 알끈을 제거하고 잘 풀어서 식용유를 두른 달군 팬에 붓고, 달걀이 익기 시작할 때 재빨리 젓가락으로 저어 스크램블을 만든다.
3 팬에 식용유를 두르고 마늘을 센불로 재빨리 튀겨 접시에 덜어둔다.
4 3의 마늘 기름에 양념한 불고기를 넣고 볶다가 찬밥을 넣어 잘 섞으며 볶는다. 마지막으로 스크램블을 넣고 볶아 그릇에 담고 튀긴 마늘과 쪽파를 올린다.

• 달걀 스크램블은 중불에서 달걀물을 부어 재빨리 휘젓고 완전히 익기 전에 불을 꺼야 부드러워요.
• 쪽파 대신 마늘종을 송송 썰어 함께 볶아도 향긋하고 맛있어요.

기본재료 마늘종 100g, 물 3, 소금 두 꼬집 [마늘 1알]
양념재료 간장 1.5, 올리고당 0.7, 후추 약간

마늘종 조림

1 마늘종은 깨끗이 씻어 물기를 제거하고 4cm 길이로 썰고, 마늘은 편으로 썬다.
2 양념재료를 섞어 양념장을 만든다.
3 팬에 마늘종, 물, 소금을 넣어 볶고 물이 없어지면 불을 끈다.
4 마늘을 넣고 양념장을 부은 뒤 다시 불을 켜고 중약불로 자작하게 조린다.

- 마늘종을 물에 따로 데치는 과정을 간소화한 것이 3번 과정이에요. 불을 중약불로 두고 데치는 느낌으로 먼저 익히고 양념장을 부어 조려주세요.

기본재료 **맛타리버섯** 200g, **부침가루** 1컵, 얼음물 1컵, 소금 약간, 식용유 약간 [청·홍고추 1개씩]

맛타리버섯전

1 맛타리버섯은 결대로 잘게 찢고, 긴 것은 반으로 자른다. 청·홍고추는 잘게 다진다.

2 손질한 버섯, 청·홍고추와 부침가루, 얼음물을 볼에 넣고 섞어 반죽을 만든다.

3 달군 팬에 식용유를 두르고 반죽을 한 큰술씩 떠서 얇게 편다.

4 앞뒤로 노릇노릇하게 지진다.

- 시판 부침가루는 간이 되어 있어 따로 소금을 넣지 않아도 돼요. 혹 간이 부족하면 장아찌 간장이나 간장, 식초, 맛술을 같은 비율로 섞어 만든 양념장에 찍어 드세요.
- 반죽을 만들 때 얼음물을 사용하면 더 바삭한 전과 튀김을 만들 수 있어요.

기본재료 무 200g, 밥 2공기, 달걀 2개, 식용유 약간
무절임 소금 0.3, 올리고당 또는 물엿 0.5
무침양념 식초 2, 설탕 1, 고춧가루 1

무생채 비빔밥

1 무는 껍질을 벗기고 0.5cm 두께로 굵게 채 썬다.
2 채 썬 무와 무절임 재료를 볼에 넣고 버무려 10분간 절인 후 체에 밭쳐 물기를 제거한다.
3 절인 무에 고춧가루를 넣고 버무려 색을 내고, 식초와 설탕을 넣어 섞는다.
4 달군 팬에 식용유를 두르고 달걀을 구워 따뜻한 밥 위에 무생채와 함께 올린다.

- 무를 소금과 물엿에 절이면 무의 수분이 훨씬 잘 빠져 꼬들꼬들한 무생채를 만들 수 있어요.
- 밥을 비비기 전에 참기름을 두르면 더 좋아요.

기본재료 무 250g, **다시마** 5x5cm,
물 1컵, 간장 2.5, 설탕 1, 참기름 0.5

무 조림

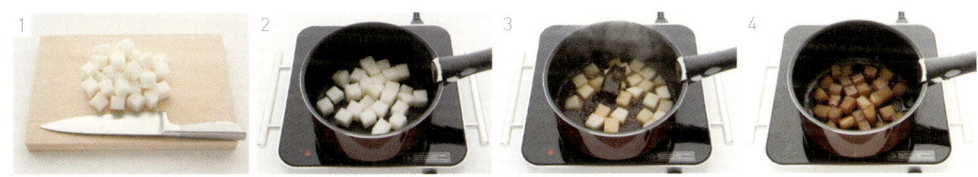

1 무는 1cm 두께로 반달썰기 혹은 깍둑썰기 한다.

2 달군 냄비에 참기름을 두르고 무를 지진다.

3 2에 물, 간장, 설탕과 다시마를 넣고 센불로 끓인다.

4 바글바글 끓으면 중약불로 줄이고 뚜껑을 덮어 10분 더 조린다. 중간에 한 번씩 섞어 양념장이 타지 않도록 한다.

- 미리 준비해둔 육수가 있으면 물 대신 육수를 사용하세요.
- 칼칼한 무 조림을 원하시면 고춧가루를 추가하세요.

기본재료 무 250g, **콩나물** 100g, **다시마** 5x5cm,
물 1컵, 소금 0.5, 설탕 한 꼬집, 참기름 1

무 콩나물 볶음

1 무는 0.4cm 정도 두께로 채 썰고, 콩나물은 깨끗이 씻어 체에 밭쳐 물기를 제거한다.

2 냄비에 참기름을 두르고 무와 소금을 넣어 중불로 2분간 볶는다.

3 콩나물과 다시마를 넣고 물을 부은 뒤 뚜껑을 덮은 채 5분간 끓인다.

4 설탕 한 꼬집을 넣는다. 부족한 간은 소금으로 한다.

• 바로 먹을 만큼만 덜고 나머지는 냉장고에 넣어 두었다가 차갑게 먹어도 맛있어요.
• 물 대신 멸치육수를 3컵 붓고 고춧가루를 약간 넣어 끓이면 칼칼한 국으로 드실 수 있어요.

기본재료 미나리 160g, **부침가루** 1컵,
얼음물 1컵, 국간장 0.3, 식용유 약간 [청 · 홍고추 1개씩]

미나리전

1 미나리는 시든 잎을 떼어내고 깨끗이 씻어 3cm 길이로 썬다.

2 청 · 홍고추는 미나리와 같은 길이로 잘라 씨를 제거하고 채 썬다.

3 볼에 미나리와 채 썬 고추를 담고 부침가루와 물, 국간장을 넣어 반죽한다.

4 달군 팬에 식용유를 넉넉하게 두르고 반죽을 얇게 펴서 앞뒤로 노릇하게 굽는다.

- 반죽을 완벽하게 섞으려고 너무 오래 저으면 전이 바삭하지 않고 쫄깃해져요. 가루가 드문드문 보여도 괜찮으니 대충 섞어주세요.
- 지름 20cm 정도의 전 2장을 부칠 수 있는 레시피입니다.

기본재료 알배기 배추 1통(550g내외) [부추 또는 실파 40g]
절임물 굵은 소금 4, 물 1컵
양념재료 고춧가루 4, 까나리액젓 3, 다진 마늘 1, 올리고당 1, 참기름 1

배추 겉절이

1 배추는 뿌리 부분을 자르고 잎을 떼어낸 뒤 반으로 길게 자른 다음 어슷하게 썬다. 부추는 깨끗이 씻어 4~5cm 길이로 썬다.
2 굵은 소금과 물을 섞어 절임물을 만들어 배추 사이에 켜켜이 뿌리고 15분간 절인다. 중간에 아래위를 한 번 뒤집어준다. 절인 배추는 흐르는 물에 헹구고 체에 밭쳐 물기를 제거한다.
3 배추를 절이는 동안 넓은 볼에 양념장을 만든다.
4 물기를 제거한 배추와 부추를 양념장에 넣고 버무린다.

- 올리고당 대신 매실청을 넣어도 좋아요.
- 까나리액젓 대신 멸치액젓을 사용해도 좋고, 액젓과 새우젓을 섞어서 써도 좋아요.

기본재료 모둠 버섯 150g, 청양고추 1개, 멸치육수 2.5컵, 된장 0.5, 소금 약간
양념재료 멸치육수 또는 건표고버섯 불린 물 ⅓컵, 들깻가루 3, 국간장 1 [찹쌀가루 0.5~1]

🍄 버섯 들깻국

1 버섯은 밑동을 자르고 찢거나 한입 크기로 썬다. 청양고추는 어슷썬다. 건표고버섯은 따뜻한 물에 불려 사용하고, 버섯 불린 물은 육수와 함께 사용하면 좋다.

2 냄비에 멸치육수를 붓고 된장을 푼 다음 센불로 끓여 육수가 끓어오르면 버섯을 넣고 끓인다.

3 국물이 다시 끓어오르면 약불로 줄인 뒤 양념장을 넣고 저으며 끓이다가 청양고추를 넣고 불을 끈다. 부족한 간은 소금으로 맞춘다.

- 국물이 바글바글 끓을 때 들깻가루와 찹쌀가루를 넣으면 가루가 제대로 풀어지지 않고 익어버릴 수 있어요. 육수나 버섯 불린 물에 잘 섞어 부으면 가루가 뭉치는 것을 방지할 수 있어요.
- 국물의 농도는 들깻가루와 찹쌀가루로 조절하세요.

기본재료 참타리버섯 150g, 표고버섯 2개, 들깻가루 1.5,
소금 0.2, 물 5, 식용유 0.5

버섯 들깨 볶음

1 참타리버섯은 밑동을 자른 뒤 가닥가닥 찢고, 굵은 것은 반으로 가른다.

2 표고버섯은 기둥을 자르고 채 썬다.

3 달군 팬에 식용유를 두르고 버섯을 센불로 볶는다.

4 버섯이 익으면 불을 약하게 줄이고 물과 들깻가루를 넣어 볶는다.

- 버섯은 느타리버섯, 새송이버섯, 양송이버섯 등 좋아하는 것을 넣으세요.
- 건표고버섯은 미지근한 물에 불려서 사용하세요.
- 버섯은 센불에서 볶아야 물이 흥건하게 생기지 않고 쫄깃해요.

기본재료 모둠 버섯 120g, 양파 40g
국물재료 건새우 10g, 다시마 5x3cm, 물 또는 쌀뜨물 3컵
양념재료 국간장 1.5, 다진 마늘 0.5, 고춧가루 0.7, 맛술 0.5

버섯 매운탕

1 물 또는 쌀뜨물에 건새우와 다시마를 넣고 거품을 걷어내며 10분간 끓인 뒤 건새우와 다시마는 건져낸다.
2 버섯은 한입 크기로 찢거나 자르고, 양파는 굵게 채 썬다.
3 양념재료를 섞어 양념장을 만든다.
4 끓는 육수에 버섯과 양파를 넣고, 다시 끓어 오르면 양념장을 넣어 3분간 더 끓인다.

- 버섯을 물에 담가서 씻으면 버섯이 수분을 흡수해 특유의 쫄깃한 식감이 사라져요. 꼭 씻고 싶다면 흐르는 물에 살짝 씻고 물기를 제거한 후 요리에 사용하세요.

기본재료 주키니호박 ⅓개(80g), 가지 ½개(50g), 방울토마토 4알, 양파 40g,
올리브유 1.5, 허브솔트 0.3, 다진 마늘 0.5, 레몬즙 약간

볶은 채소 샐러드

1 호박, 가지, 양파는 1cm 길이로 깍뚝썰고, 방울토마토는 2~4등분한다.

2 팬에 올리브유(0.5)를 두르고 다진 마늘을 볶다가 호박과 가지를 넣어 볶는다.

3 호박과 가지가 노릇하게 익으면 양파와 토마토를 넣어 볶고 허브솔트로 간한다.

4 접시에 옮겨 담은 뒤 올리브유(1)를 두르고 레몬즙을 약간 뿌려 낸다.

• 채소는 집에 있는 것을 자유롭게 사용하되, 가장 단단한 것부터 차례로 넣어 볶으세요.
• 허브솔트 대신 소금과 후추로 간해도 돼요.

기본재료 찬밥 2공기, 생강 15g, 다진 마늘 1,
달걀 2개, 식용유 2 [대파 40g]
양념재료 간장 1, 고춧가루 약간 [참기름 약간]

생강 볶음밥

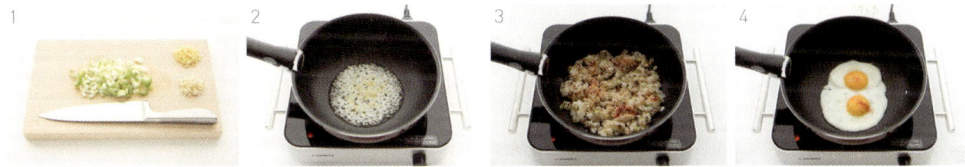

1 대파는 길게 2등분한 뒤 1cm 길이로 썰고, 생강은 껍질을 벗겨 잘게 다진다.
2 팬에 식용유를 두르고 분량의 다진 생강과 다진 마늘을 절반씩 넣어 중불로 노릇하게 튀겨 키친타올에 올려둔다.
3 같은 팬에 남은 생강과 마늘, 대파를 넣고 볶아 향을 충분히 낸 뒤 찬밥과 간장, 고춧가루를 넣어 볶아 접시에 담는다.
4 달걀 2개를 반숙 후라이로 익혀 볶음밥 위에 올리고 2의 튀긴 생강과 마늘을 흩뿌린다. 참기름을 약간 두른다.

• 시판 다진 생강이나 다진 마늘을 사용해도 좋은데, 그럴 경우 즙은 대충 짜서 걸러내고 건더기만 튀기는 것이 좋아요.
• 고춧가루는 색을 내고 칼칼한 맛을 내기 위해 넣는 것으로, 생략해도 좋아요.

기본재료 시금치 200g(½단), 소금 0.3
양념재료 된장 0.5, 고추장 0.3, 다진 마늘 0.3, 참기름 1 [깨소금 0.5]

시금치 된장 나물

1 시금치 밑동을 십자 모양으로 칼집을 내 4등분한 뒤 누렇게 변하거나 물러진 잎은 떼어내고 깨끗하게 씻는다.

2 끓는 물에 소금을 넣고 시금치를 1분간 데친다.

3 데친 시금치는 즉시 얼음물이나 찬물에 담가 헹군 뒤 물기를 꼭 짠다.

4 볼에 양념장을 만들고 시금치를 넣어 무친다.

- 시금치는 밑동이 붉은색을 띠고 키가 작고 통통한 것이 맛있어요. 포항초, 섬초, 남해초라 불리는 것들이 이러한데, 가격은 조금 비싸지만 향이 뛰어나고 맛이 달아요.
- 잎과 줄기가 긴 시금치는 3번 과정에서 물기를 짠 후 2~3번 썰어주세요.

 기본재료 쑥 100g, 봉지굴 1봉(약 150g),
된장 1, 참기름 1, 물 3.5컵(700ml), 소금 약간

 쑥국

1 쑥은 뿌리 부분 흙을 털어내고 시든 잎은 떼어낸 뒤 깨끗이 씻어 물기를 빼고, 굴은 옅은 소금물에 흔들어 씻은 다음 체에 밭쳐 물기를 제거한다.
2 달군 냄비에 참기름을 두르고 굴을 센불로 1분간 볶는다.
3 물을 붓고 된장을 푼다.
4 국물이 바글바글 끓으면 쑥을 넣고 2~3분 끓인다. 부족한 간은 소금으로 한다.

- 굴 대신 바지락살을 넣어 끓여도 맛있어요.
- 굴에 이물질이 많이 묻어 있을 땐 밀가루를 약간 넣고 살살 흔들면 깨끗하게 씻을 수 있어요.
- 들깻가루(3)를 넣으면 구수한 들깨 쑥국이 돼요.

기본재료 양배추 150g, 당근 50g, **사과** 1개
드레싱 마요네즈 5, 올리고당 1, 레몬즙 0.5, 소금 0.3 [후추 약간]

애플슬로

1 양배추와 당근은 얇게 채 썬다.

2 사과는 강판에 간다.

3 강판에 간 사과와 드레싱 재료를 섞는다.

4 채 썬 양배추와 당근에 **3**을 넣고 섞는다.

- 양배추는 채칼을 이용하면 아주 얇게 썰 수 있어요.
- 사과가 없을 땐 양배추와 당근을 마요네즈 5, 식초 2, 설탕 2, 연겨자 0.3에 버무리면 코울슬로가 돼요. 통조림 옥수수를 함께 넣어도 좋아요.

기본재료 애호박 1개, **국물용 멸치** 30g, **청고추** 1개,
참기름 1.5, 물 ½컵, 간장 1.5, 다진 마늘 0.3

애호박 멸치 조림

1 호박은 세로로 반을 갈라 두껍게 어슷썰고, 고추도 어슷하게 썬다.

2 멸치는 머리와 내장을 제거한다.

3 냄비에 참기름을 두르고 호박을 볶다가 멸치를 넣고 볶는다.

4 물을 붓고 뚜껑을 덮어 끓어오르면 간장, 고추, 마늘을 넣고 익힌다.

- 멸치를 넣어 조리니 특별히 육수를 넣지 않아도 맛이 좋지만, 육수가 있으면 물을 육수로 대체해서 조리하면 더 맛있어요.
- 자작하게 국물이 있는 것이 좋을 땐 물은 1컵, 간장은 2큰술로 늘려서 넣으세요.

기본재료 애호박 1개, 새우살 85g,
소금 0.3, 참기름 1, 다진 마늘 0.3, 물 3, 새우젓 약간

애호박 새우살 볶음

1 애호박은 길게 반으로 잘라 0.5cm 두께의 반달 모양으로 썰어 소금에 10분 정도 절이고 체에 받쳐 물기를 제거한다.

2 새우살은 엄지손톱 정도의 크기로 자른다.

3 냄비에 참기름을 두르고 다진 마늘을 볶아 향을 낸 뒤 새우살을 넣어 볶는다.

4 절여서 물기를 제거한 호박과 분량의 물을 넣어 볶고 새우젓이나 소금으로 간한다.

- 칵테일새우(자숙새우)보다는 생새우살이 맛이 좋아요. 마트에서 파는 작은 생새우살이나 킹 사이즈 냉동 새우살을 사용해보세요.
- 말린 보리새우나 꽃새우를 사용할 경우 물을 5큰술 넣고 촉촉하게 볶으면 새우에서 맛 성분이 우러나와 맛있어요.

기본재료 애호박 ½개, **부침가루** 3 [찹쌀가루 0.3], 소금 0.3, 설탕 두 꼬집, 물 3, 식용유 약간
초간장 간장 0.5, 식초 0.5, 맛술 0.5

애호박전

1 애호박은 얇게 채 썬다. 채칼을 이용하면 편리하다.

2 채 썬 애호박에 부침가루와 찹쌀가루, 물을 넣고 대충 버무린다.

3 달군 팬에 식용유를 넉넉히 두르고 애호박 반죽을 얇게 펴 올린다.

4 앞뒤로 노릇하게 부친다.

• 반죽에 찹쌀가루가 들어가면 전이 바삭하기보다는 촉촉하고 쫀득쫀득해져요. 바삭바삭한 전을 원할 때는 찹쌀가루는 넣지 말고 부침가루로 반죽하세요.

기본재료 오이고추 8개
양념재료 된장 2, 올리고당 1, 다진 마늘 0.5, 식초 0.3

오이고추 된장 무침

1 오이는 깨끗이 씻어 꼭지를 떼내고 물기를 제거한다.
2 한입 크기로 자른다.
3 볼에 양념장을 만든다.
4 자른 오이고추를 양념장과 함께 버무린다.

- 양념장에 식초를 약간 넣어주면 훨씬 상큼하고 맛있어요.
- 무쳐서 두면 물이 생기니 한 번 먹을 만큼만 만드세요.

기본재료 오이 ½개(90~100g), 양파 40g, 깨소금 0.5
냉국재료 설탕 1, 소금 0.3, 식초 2, 국간장 1, 시원한 물 2컵, 얼음

🍄 오이 냉국

1 오이는 소금으로 문질러 깨끗이 씻어 어슷하게 썬 다음 채 썰고, 양파는 얇게 채 썬다.
2 볼에 설탕, 소금, 식초를 넣고 잘 섞은 다음 국간장과 시원한 물을 넣고 섞어 냉국을 만든다.
3 냉국에 채 썬 오이와 양파를 넣고 깨소금을 뿌린다. 얼음 몇 개를 동동 띄운다.

- 냉국 농도가 약간 진한 편이라 얼음을 띄우면 좋아요. 얼음 없이 드실 경우 물을 2.5컵을 넣고 만드세요.
- 말린 미역을 물에 불려 넣어도 좋아요. 미역을 넣을 땐 물을 붓기 전에 미역을 넣고 조물조물 무친 다음 시원한 물을 부어야 미역에 맛이 배요.

기본재료 옥수수 통조림 160g, 양파 40g, 달걀 1개, 부침가루 5,
물 1 [잔파 2대, 다진 마늘 0.3]

옥수수전

1 옥수수는 체에 밭쳐 물기를 제거한다.

2 양파는 잘게 다지고, 잔파는 송송 썬다.

3 볼에 모든 재료를 넣고 섞어 반죽을 만든다.

4 달군 팬에 식용유를 넉넉하게 두르고 반죽을 조금씩 떠 올려 앞뒤로 노릇하게 굽는다.

| • 참치나 다진 돼지고기, 다진 쇠고기 등을 함께 반죽해서 구워도 맛이 좋아요.

기본재료 깻잎 40장, **양파** 60g, 식초 약간
양념재료 간장 4, 고춧가루 0.5, 설탕 0.5, 맛술 1, 참기름 0.5, 물 2

즉석 깻잎 찜

1 깻잎은 식초 두 방울 떨어뜨린 물에 잠시 담갔다가 한 장씩 흔들어 씻고, 꼭지 부분을 한꺼번에 잡고 물을 털어낸다.

2 양파는 채 썰어 양념장에 섞는다.

3 그릇에 깻잎을 두 장 놓고 양념장을 조금씩 올리고, 다시 깻잎-양념장 순서로 반복한다.

4 김이 오른 찜통에 그릇을 올리고 뚜껑을 덮어 3분간 찌고, 불을 끈 뒤 2분간 뜸을 들인다.

- 깻잎을 너무 오래 찌면 쓴맛이 나니 3분 이상 찌지 마세요.
- 간단하게 하기 위한 방법으로 내열용기를 이용하고 랩을 씌워 구멍을 두세 개 낸 다음 전자레인지에 1분 30초 돌리는 방법도 있어요.

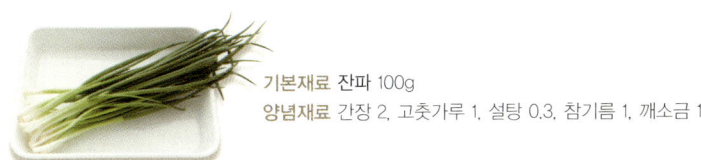

기본재료 잔파 100g
양념재료 간장 2, 고춧가루 1, 설탕 0.3, 참기름 1, 깨소금 1

즉석 파 장아찌

1 잔파는 뿌리를 잘라내고 깨끗이 씻어 4cm 길이로 썬다.

2 큰 볼에 분량의 양념재료를 섞어 양념장을 만든다.

3 썰어둔 파를 양념장에 넣고 잘 버무린다.

- 매운맛이 강한 파는 참기름을 넣어 무치면 매운맛이 많이 완화돼요.
- 밥 위에 파 장아찌를 올리고 피자치즈를 올려 랩을 씌운 뒤 전자레인지에 2분 정도 돌려 비벼 먹으면 별미예요.

기본재료 콩나물 200g, 다진 마늘 0.3, 참기름 0.5, 소금 0.3, 깨소금 0.5, 식용유 0.5, 물 5

콩나물 무침

1 콩나물은 콩 껍질을 제거하고 흐르는 물에 여러 번 씻어 체에 밭친다.

2 냄비에 식용유를 두르고 콩나물, 다진 마늘, 소금을 넣어 중불로 3분간 볶는다.

3 콩나물 숨이 죽으면 물을 넣고 뚜껑을 덮어 약불로 3분간 익힌다.

4 불을 끈 뒤 참기름과 깨소금을 넣고 잘 섞는다.

- 콩나물을 물에 삶지 않고 볶아 익히면 콩나물 향과 맛이 훨씬 진한 콩나물 무침을 만들 수 있어요.
- 맛살이나 어묵, 베이컨을 함께 볶으면 색다른 반찬으로 변신이 가능해요.

기본재료 방울토마토 10알, 양파 30g, 홍초 또는 흑초 2,
설탕 0.5, 소금(허브솔트) 두 꼬집, 올리브유 2

토마토 홍초 마리네이드

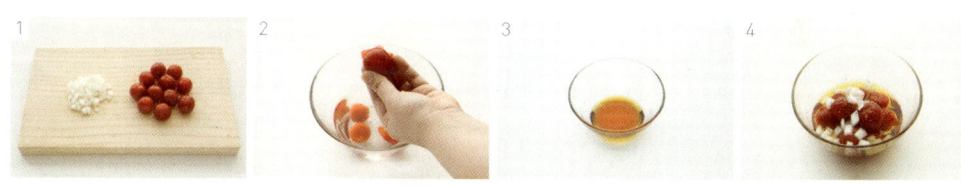

1 방울토마토는 깨끗이 씻어 꼭지를 떼어내고 윗면에 십자 모양 칼집을 낸다. 양파는 사방 0.5cm 길이로 다진다.

2 끓는 물에 방울토마토를 넣고 10~15초간 데친 후 얼음물에 담그고 껍질을 벗긴다.

3 볼에 올리브유를 제외한 재료를 모두 섞어 소금, 설탕을 녹인 후 올리브유를 넣고 섞는다.

4 껍질을 벗긴 방울토마토와 양파를 넣고 섞어 냉장고에 10~15분간 둔다.

• 위 레시피 분량은 두 사람이 한 번 먹을 분량으로, 양을 두세 배로 늘려 만들고 소독한 유리병에 담아 냉장고에 보관해 두었다 드시면 좋아요.

달걀과 두부 egg & tofu /23

달걀 볶음밥 · 달걀 샌드위치 · 달걀 채소 오믈렛 · 달걀 유부 맑은 국 · 달걀 죽 · 달걀 치즈 덮밥 · 메추리알 장조림 · 베이컨 에그롤 · 치즈 달걀말이 · 두부 가지 그라탕 · 두부 강정 · 두부 견과류 조림 · 두부 김치 피자 · 두부 베이컨 과자 · 두부 스테이크 덮밥 · 두부 쌈장 · 두부 조림 · 따뜻한 두부 샐러드 · 순두부 맑은 국 · 연두부 달걀찜 · 연두부 쑥갓 샐러드 · 연두부 조개 술찜 · 연두부 토마토 샐러드

기본재료 밥 2공기, 달걀 4개, 부추 30g,
식용유 2, 간장 2, 후추 0.2

🥚 달걀 볶음밥

1 부추는 깨끗이 씻어 송송 썬다.

2 팬에 식용유를 두르고 밥을 볶다가 간장(1.5)과 후추를 넣어 간이 골고루 배도록 볶는다.

3 볶은 밥을 팬 가장자리로 밀고, 가운데에 달걀을 깨트려 스크램블 하듯 저어 익힌다.

4 달걀이 완전히 익기 전에 밥과 섞고, 부추와 간장(0.5)을 넣어 볶는다.

• 식용유(2) 대신 식용유(1), 참기름(1)을 섞어 볶으면 향이 더 좋아요.
• 간장 대신 굴소스나 참치액을 넣으면 더 감칠맛이 나 맛있어요.

기본재료 식빵 4장, 삶은 달걀 3개, 오이 ½개(90g), 양파 30g, 마요네즈 3 [연겨자 약간, 후추 약간]

절임물 식초 2, 설탕 1.5, 소금 0.3, 물 1

🥚 달걀 샌드위치

1 찬물에 식초를 1~2방울 떨어뜨리고 달걀을 넣어 12분간 삶아 재빨리 찬물에 담갔다 껍질을 깐다. 삶은 달걀은 잘게 다진다.

2 (달걀을 삶는 동안)오이는 얇게 썰고, 양파는 0.5cm 길이로 굵게 다져 절임물에 10분간 함께 절인 뒤 면보에 담아 꼭 짠다.

3 달걀, 절인 오이와 양파, 마요네즈, 연겨자, 후추를 볼에 넣고 잘 섞는다.

4 식빵에 **3**을 충분히 올리고 식빵을 덮어 완성한다.

- 달걀 삶기가 귀찮다면 시중에 파는 삶은 메추리알을 이용하는 것도 좋은 방법이에요.
- 오이 피클이 있으면 절인 오이 대신 활용하세요.

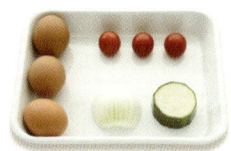

기본재료 달걀 3개, 양파 50g, 방울토마토 3개(40g) [주키니호박 50g], 파마산 치즈 가루 1.5, 허브솔트 0.3, 버터 0.5, 식용유 0.5

달걀 채소 오믈렛

1 주키니호박, 양파는 1x1cm 크기로 썰고, 방울토마토는 4등분한다. 달걀은 곱게 풀어둔다.

2 팬에 식용유를 두른 뒤 양파-호박-방울토마토 순서로 넣고 볶다가 허브솔트를 뿌려 접시에 덜어둔다.

3 채소를 볶은 팬에 버터를 녹이고 달걀물을 부어 가장자리가 약간 익으면 젓가락으로 휘저어 스크램블 하듯 익히고 약불로 줄인다.

4 달걀이 반쯤 익으면 파마산 치즈 가루를 골고루 뿌리고 볶아둔 채소를 한쪽으로 올린 후 달걀을 반으로 접는다.

- 채소는 브로콜리, 가지, 감자, 당근 등 냉장고에 있는 것들을 활용하면 되고, 방울토마토와 양파는 꼭 넣어주는 게 맛이 좋아요.
- 파마산 치즈 가루가 없으면 슬라이스 치즈를 1장 넣어도 좋아요.

기본재료 달걀 2개, 유부 2장, **대파** 15g,
멸치육수 2.5컵, 국간장 0.5, 소금 0.3, 후추 약간

달걀 유부 맑은국

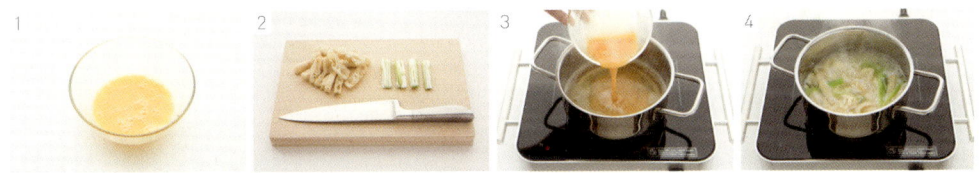

1 그릇에 달걀을 깨트려 젓가락으로 잘 푼다.

2 대파는 길게 2등분하고, 유부는 0.5cm 간격으로 썬다.

3 냄비에 멸치육수를 붓고 끓으면 달걀물을 부은 뒤 10초 후 젓가락으로 천천히 저어 달걀을 익힌다.

4 달걀이 익으면 대파와 유부를 넣고 국간장과 소금으로 간을 맞춘다. 기호에 맞게 후추를 뿌리고 불을 끈다.

- 육수를 4컵 넣고 냉동 만두를 넣어 끓이면 만둣국이 돼요.
- 마지막에 참기름을 1~2방울 떨어뜨리면 향긋하고 맛있어요.

기본재료 밥 2공기, 달걀 2개, 당근 30g, 쪽파 2대, 멸치육수 2.5컵, 참기름 1, 소금 0.3

달걀죽

1 당근은 작게 다지고, 쪽파는 송송 썬다.

2 달걀은 잘 풀어둔다.

3 냄비에 참기름을 두르고 당근을 볶다가 밥과 육수를 넣고 끓인다.

4 보글보글 끓으면 풀어둔 달걀을 넣고 10초 후 천천히 저어준다. 쪽파를 넣고 소금으로 간을 맞춘다.

- 미리 준비해둔 육수가 없을 경우, 물 3컵과 국물용 멸치 5마리를 넣고 끓인 후 멸치를 건져내고 당근과 밥을 넣어 끓이세요.
- 김 자반, 김 조림 등을 곁들이면 좋아요.

기본재료 밥 2공기, 달걀 3개, 우유 3, 슬라이스 치즈 2장, 식용유 약간 [피자치즈 3]
양념재료 잔파 20g, 간장 2, 깨소금 0.5, 참기름 0.5, 다진 마늘 0.3

🥚 달걀 치즈 덮밥

1 잔파는 송송 썰고, 나머지 양념재료와 모두 섞어 양념장을 만든다.
2 달걀을 푼 뒤 슬라이스 치즈를 손으로 조금씩 떼어 넣고, 피자치즈와 우유를 넣어 섞는다.
3 달군 팬에 식용유를 두르고 2의 달걀물을 부어 가장자리가 익기 시작하면 젓가락으로 휘저은 뒤 모양을 잡아 익힌다.
4 따뜻한 밥 위에 3을 올리고 양념장을 곁들인다.

• 달걀은 버터를 녹여 구워도 맛이 좋아요. 그리고 완전히 익히는 것보다 반쯤 익히는 것이 훨씬 부드럽고 밥과도 잘 어우러져 맛이 좋아요.

기본재료 삶은 메추리알 30개(300g), 마늘 4알 [쇠고기 홍두깨살 100g, 대파 1대]
양념재료 다시마 육수 2.5컵, 간장 ¼컵, 설탕 1, 맛술 1, 올리고당 1

🥚 메추리알 장조림

1 쇠고기는 2cm 길이로 깍둑썬다.
2 냄비에 다시마 육수를 비롯한 양념재료를 넣어 조림양념을 만든다.
3 조림양념을 센불에 올려 팔팔 끓으면 썰어둔 쇠고기와 메추리알을 넣고 10분간 끓인다.
4 메추리알에 어느 정도 색이 들면 마늘과 대파를 넣고 간장 물이 잘 들도록 조린다.

- 미리 만들어둔 다시마 육수가 없으면 물 2.5컵에 다시마(5x5cm)를 넣고 함께 끓여주세요.
- 따뜻한 밥에 메추리알과 쇠고기를 잘라 올리고, 오이고추 간장 장아찌(20p)를 쫑쫑 썰어 장아찌 국물과 함께 비벼 먹으면 맛있어요.

기본재료 베이컨 4장, 달걀 3개, 플레인 요거트 1개, 파마산 치즈 가루 4 [마늘 3알], 소금 0.3, 후추 약간

베이컨 에그롤

1 볼에 달걀을 풀고 소금으로 간한다. 플레인 요거트와 파마산 치즈 가루를 넣어 섞고 후추를 약간 뿌린다.

2 머핀 틀이나 은박 유산지 컵에 베이컨을 두르고 달걀물을 나누어 붓는다.

2 마늘을 편으로 썰어 넣고 180℃로 예열한 오븐에 12분간 조리한다.

- 원래는 요거트 대신 생크림을 넣어 더 부드럽고 묵직한 맛을 내는 레시피이지만, 생크림은 유통기한도 짧고 자주 사용하지 않아 플레인 요거트로 대체했어요. 요거트 특유의 상큼함과 달콤함이 짭조름한 베이컨 맛과 어울려 색다른 매력이 있어요.

기본재료 달걀 3개, 슬라이스 치즈 1장, 맛술 1, 소금 두 꼬집, 식용유

🥚 치즈 달걀말이

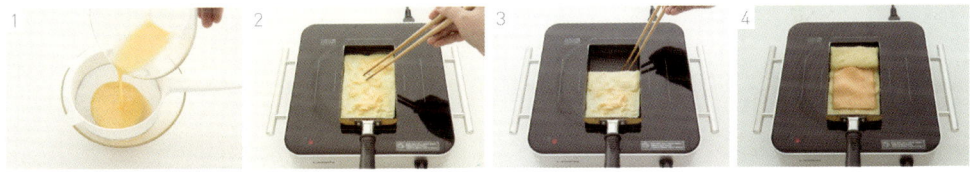

1 달걀은 알끈을 제거하고 곱게 풀어 체에 거른다.
2 달걀말이 팬에 식용유를 두르고 키친타올로 구석구석 닦아낸 후 달걀물을 붓는다.
3 달걀물이 서서히 익기 시작하면 스크램블을 만들 듯이 휘젓고 바깥쪽부터 접어 올린다.
4 접어 올린 달걀말이는 바깥쪽으로 밀고 다시 달걀물을 붓고 휘저은 다음 슬라이스 치즈를 얹고 말아 올린다. 다시 한 번 달걀물을 붓고 말아 올리는 과정을 반복해서 완성한다.

- 달걀물은 체에 걸러야 달걀말이를 했을 때 색이 예쁘고 부드러워요.
- 달걀물이 익기 시작할 때 스크램블 만들 듯 휘저어주면 좀 더 도톰한 달걀말이를 만들 수 있어요.

기본재료 두부 200g, 가지 1개(100g), **베이컨** 3장, **피자치즈** 100g
양념재료 고추장 2, 케첩 3, 다진 마늘 0.5, 올리고당 1

두부 가지 그라탕

1 두부는 길게 2등분한 후 두툼하게 썰고, 가지도 길게 2등분 한 후 1cm 두께로 어슷하게 썬다. 베이컨도 비슷한 크기로 썬다.

2 팬에 두부와 가지를 기름 없이 노릇하게 굽는다.

3 베이컨은 기름기가 빠지도록 바삭하게 굽는다.

4 내열 용기에 두부, 가지, 베이컨을 넣고 양념장 끼얹기를 반복한다. 마지막에 피자치즈를 듬뿍 얹어 180℃ 오븐에서 8~10분간 굽는다.

- 두부는 여러 번 뒤집지 말고 충분히 구운 후 한두 번만 뒤집어야 노릇하게 잘 구워져요.
- 파마산 치즈 가루가 있으면 피자치즈 위에 솔솔 뿌려 구워보세요. 색이 더 예쁘게 잘나요.

기본재료 두부 200g, 마늘 2알, 전분 2, 식용유 2 [대파 10cm]
양념재료 간장 2, 유자청 2, 물 1, 전분 0.3

 # 두부 강정

1 두부는 깍둑썰어 키친타올에 올려 물기를 제거하고, 마늘은 편으로 썰고, 대파는 길게 반으로 갈라 굵게 썬다.

2 물기를 제거한 두부는 전분과 함께 비닐백에 넣고 흔들어 전분을 골고루 묻힌다.

3 팬에 식용유를 두르고 전분을 묻힌 두부를 구워 덜어둔다.

4 두부를 구운 팬에 마늘과 대파를 볶다가 양념장을 넣고 끓으면 두부를 넣어 재빨리 골고루 볶는다.

- 마늘과 대파를 볶을 때는 식용유 0.3큰술 정도면 충분하니, 두부 굽고 나서 기름이 많이 남았다면 키친타올로 닦아내세요.
- 걸쭉함 없이 촉촉한 소스가 좋으시면 전분은 생략하셔도 좋아요.

기본재료 두부 100g, **견과류**(캐슈넛, 헤이즐넛) 100g [건무화과 5알]
양념재료 간장 1.5, 물 1, 올리고당 1.5

🧈 두부 견과류 조림

1 무화과는 물에 불리고, 두부는 1cm 길이로 깍둑썬다.

2 견과류와 두부는 기름을 두르지 않은 팬에 노릇하게 구워 접시에 덜어둔다.

3 팬에 양념을 넣고 끓어오르면 두부와 견과류, 반으로 자른 무화과를 넣고 잘 섞는다.

- 견과류는 아몬드, 호두, 잣, 피스타치오 등 좋아하는 종류로 준비하세요.
- 크기가 작은 쌈 채소나 양상추 등에 올려 핑거푸드로 활용해도 좋고, 바삭한 크래커나 구운 식빵에 올려 드셔도 좋아요.

기본재료 두부 1모(200g), **김치** 100g, **피자치즈** 70g [마늘 3알, 버터 5g], 케첩 0.5, 설탕 0.3, 소금 0.3, 식용유 0.3

두부 김치 피자

1 두부는 칼을 뉘어 반으로 잘라 키친타올에 올린 뒤 소금을 뿌려 물기를 제거하고, 김치는 잘게 다진다. 마늘은 편썰기한다.

2 달군 팬에 식용유를 한쪽에만 둘러 두부를 노릇하게 굽고, 다른 한쪽에는 버터를 녹여 김치를 올리고 케첩, 설탕을 넣어 볶는다.

3 접시에 구운 두부를 담고 마늘과 볶은 김치를 올린다.

4 피자치즈를 듬뿍 올리고 전자레인지에 2분 혹은 180℃ 오븐에 10~12분 조리한다.

- 두부의 물기를 제거하고 팬에서 충분히 구워야 물이 안 생겨요.
- 팬에 두부를 구울 때 식용유는 생략해도 좋아요.

기본재료 두부 100g, 밀가루 1컵(120g), 베이컨 70g [깻잎 10장],
달걀 노른자 1개, 소금 0.3, 물 1.5

🧈 두부 베이컨 과자

1 두부는 키친타올에 올려 꼭 짜서 물기를 제거한 다음 칼 옆면으로 눌러 으깨고, 깻잎과 베이컨은 큼직하게 썬다.
2 팬에 베이컨을 바삭하게 구운 후 키친타올에 올려 기름기를 빼고 식힌다.
3 볼에 모든 재료를 넣고 섞어 반죽을 덩어리로 만들고, 밀대로 얇게 밀어 막대 모양으로 자른다.
4 오븐 팬에 종이 호일을 깔고 반죽을 올린 후 180℃로 예열된 오븐에 15분간 굽는다.

- 베이컨과 깻잎 대신 검은깨를 4큰술 넣으면 고소한 두부 과자가 됩니다.
- 반죽은 0.3mm 정도로 얇게 밀어야 더 바삭하고 맛있어요.

기본재료 단단한 두부 200g, 맛타리버섯 50g, 전분 1 [백만송이버섯 50g], 식용유 1, 소금 한 꼬집
양념재료 간장 2, 올리고당 1, 맛술 1, 물 3, 다진 마늘 1

두부 스테이크 덮밥

1 두부는 넓게 반으로 포를 뜨듯 잘라 키친타올로 살짝 눌러 물기를 제거하고 앞뒤로 전분을 가볍게 묻힌다.
2 버섯은 밑동을 제거하고 먹기 좋게 뗀다.
3 팬에 식용유를 두르고 두부를 앞뒤로 노릇하게 굽는다.
4 두부를 구운 팬에 버섯을 볶고, 소금을 한 꼬집 뿌린다. 따뜻한 밥에 두부와 볶은 버섯을 올리고 양념장을 끼얹는다.

- 시간을 절약하려면 팬에 두부와 버섯을 동시에 올려 한쪽은 두부를 굽고, 한쪽은 버섯을 볶은 다음 양념장을 흘려 넣고 살짝 끓여 밥 위에 부어요.
- 밥을 따로 담아 내고 두부와 볶은 버섯 위에 양념장을 끼얹어 반찬으로 활용해도 좋아요.

기본재료 두부 150g, **견과류**(호두, 잣) 30g, **양파** 30g
양념재료 된장 3, 고추장 1, 올리고당 1, 참기름 0.5

두부 쌈장

1 두부는 키친타올로 눌러 물기를 제거한 뒤 칼로 눌러 으깨고, 양파는 잘게 다진다.
2 견과류는 마른 팬에 볶아 그릇에 덜어 식힌다.
3 견과류를 볶은 팬에 으깬 두부를 뒤적이며 볶아 수분을 날린다.
4 볶은 견과류와 두부, 다진 양파, 양념재료를 볼에 모두 넣고 섞는다.

- 두부 쌈장은 두부를 넣어 짠맛이 덜해서 좋아요.
- 오이를 필러로 얇게 깎아 뭉친 밥을 넣고 돌돌 말아 두부 쌈장을 올리면 모양도 예쁘고 상큼해서 맛있어요. 오이 외에도 케일, 양배추, 호박잎 등 쌈 채소와 곁들여 드세요.

기본재료 두부 1모, 소금 0.3, 식용유 1 [잔파 2대]
양념재료 간장 3, 설탕 1, 물 1, 고춧가루 0.5

두부 조림

1 두부는 길게 반으로 자르고 1cm 두께로 썬다.

2 자른 두부를 키친타올에 올리고 소금을 뿌려 5분간 두어 물기를 제거한다.

3 달군 팬에 식용유를 두르고 두부를 앞뒤로 노릇하게 굽는다.

4 불을 잠시 끄고 양념장을 부은 뒤 다시 약불로 켜서 자작하게 조리고, 그릇에 담아 송송 썬 잔파를 뿌린다.

- 두부에 소금을 뿌려두면 속까지 간이 잘 배고 수분이 빠져나가 좀 더 단단해져요.
- 두부를 구워서 조리면 덜 부서지고 쫄깃해서 맛이 더 좋아요.

기본재료 연두부 1모(200g), 새송이버섯 1개, 대파 15g
소스재료 가다랑어포 1g, 뜨거운 물 1컵, 간장 1, 맛술 0.3
전분물 전분 0.5, 물 0.5

따뜻한 두부 샐러드

1 새송이버섯은 둥근 모양을 살려 0.5cm 두께로 자른 후 채 썰고, 대파는 얇게 송송 썰어 달군 팬에 식용유를 둘러 볶는다.

2 두부는 그릇에 담고 랩을 씌우거나 포장 용기 그대로 비닐만 살짝 뜯어 전자레인지에 2분간 데운다. 데운 후 생긴 물은 버린다.

3 가다랑어포에 뜨거운 물을 부어 3분 정도 그대로 뒀다가 가다랑어포는 건져내고 간장, 맛술을 넣어 약불로 끓이고, 전분물을 풀어 걸쭉하게 만든다.

4 데운 두부 위에 볶은 채소를 올리고 소스를 끼얹는다.

- 시판 생식 두부를 활용해도 좋고, 연두부를 숟가락으로 자연스럽게 떠 올려도 좋아요.
- 소스는 간이 약간 세게 되어야 두부와 함께 먹을 때 간이 맞아요.

기본재료 순두부 1봉, 해감 바지락 1봉, 대파 10cm, 물 2.5컵, 새우젓 0.4

순두부 맑은 국

1 대파는 송송 썬다.

2 해감 바지락은 체에 밭쳐 깨끗한 물에 헹군다.

3 냄비에 물 2.5컵을 붓고 끓여 바지락을 넣고 육수를 만든다.

4 바지락이 입을 벌리면 순두부를 넣고, 국이 끓어오르면 대파를 넣은 뒤 새우젓으로 간한다.

- 바지락 대신 굴을 넣어 끓일 때는 참기름을 0.3큰술 두르고 굴을 넣어 볶다가, 굴이 익으면 물을 붓고 끓이세요.
- 곁들이는 양념장 : 간장 2, 설탕 0.3, 다진 파 0.5, 고춧가루 0.3, 참기름 · 깨소금 약간

 **기본재료 달걀** 2개, **연두부** 50g, **건표고버섯** 1장, 표고 불린 물 1컵, 소금 0.3, 멸치액젓 혹은 새우젓 0.3, 미림 1

연두부 달걀 찜

1 건표고버섯은 따뜻한 물 1컵을 부어 5분간 불린 다음 물기를 짜고 깍둑썰기한다.
   (버섯 불린 물은 버리지 않는다)
2 볼에 달걀을 풀고 표고버섯 불린 물과 소금, 액젓, 미림을 섞어 체에 내리고, 표면에 뜨는 거품을 걷어낸다.
3 찜 그릇에 달걀물을 붓고 연두부와 표고버섯을 넣은 후 호일이나 뚜껑을 덮는다.
4 김이 오른 찜통에 3을 넣고 센불로 1분, 약불로 8분간 찐다.

- 찜 그릇을 찜통에 넣을 때 호일이나 뚜껑을 덮지 않으면 표면이 매끄럽지 않게 돼요.
- 표고버섯 불린 물 대신 가다랑어포 육수를 넣어도 좋아요.

기본재료 쑥갓 200g, **연두부 또는 생식 두부** 1모
양념재료 깨소금 1, 간장 1.5, 고춧가루 1, 참기름 1.5, 설탕 0.5

연두부 쑥갓 샐러드

1 연두부는 포장을 약간 벗겨 전자레인지에 2분 정도 데운다. (생식 두부는 이 과정 생략)

2 쑥갓은 흐르는 물에 깨끗이 씻은 뒤 잎만 떼어 찬물에 담가둔다. 잎이 긴 것은 반으로 뜯는다.

3 양념재료를 섞어 양념장을 만든다.

4 쑥갓은 물기를 제거한 후 그릇에 담고 두부를 수저로 떠 올린다. 양념장을 곁들인다.

- 연두부는 부드러워서 맛있지만 젓가락으로 먹기엔 조금 불편할 수 있어요. 조금 더 단단한 생식 두부를 이용하면 데우는 번거로움도 없고 젓가락으로 먹기도 편해요.
- 양념장은 먹기 직전에 끼얹어야 맛있어요. 상차림 시에는 1인분씩 개인 접시에 담아 내고, 양념장을 따로 내 끼얹어 먹을 수 있도록 하세요.

기본재료 연두부 1모, 해감 조개 6마리, 마늘 2알,
대파 10g, 올리브유 2, 청주 3 [소금 0.3, 잔파 2대]

연두부 조개 술찜

1 잔파는 송송 썰고, 마늘은 편 썰고, 대파는 길게 2등분한 다음 1cm 두께로 썬다.
2 냄비에 올리브유를 두르고 마늘과 파를 넣고 볶아 향을 낸다.
3 조개와 연두부, 청주를 넣고 뚜껑을 덮은 채 센불로 끓인다.
4 바글바글 끓고 조개가 입을 벌리면 맛을 보고 소금으로 간한다. 불을 끄고 송송 썬 잔파를 뿌린다.

| • 청양고추를 넣으면 매콤 칼칼하게 드실 수 있어요.

기본재료 연두부 1모, 방울토마토 4알 [양파 15g]
양념재료 간장 1, 식초 1, 맛술 1

연두부 토마토 샐러드

1 방울토마토는 크기에 따라 6~8등분하고, 양파는 잘게 다진다.
2 양념재료를 섞어 양념장을 만든다.
3 접시에 연두부를 담고 토마토와 양파를 얹은 다음 양념장을 끼얹는다.

- 리코타 치즈, 오이 등을 함께 곁들여도 좋아요.
- 양념장은 먹기 직전에 끼얹는 것이 좋아요. 미리 끼얹으면 두부에서 물이 생겨 간이 약해져요.

도움 주신 분들

· 그릇협찬 ·

Bin's ceramic studio 김석빈 k3bin@hanmail.net
세라믹플로우 이정은 ceramicflow.com
도자기숲 www.dojagisoop.com
화소반 김화중 www.hsoban.co.kr

· 사진 ·

native studios 김영기 www.nathankimphoto.com

최소의 재료 최고의 맛!